손쉽게 끝내는
왕초보
일본어 회화 사전

감수 日野理沙 (김유이)

現 백석대학교 외 다수 출강
단국대학교 일어일문학과 졸
단국대학교 일반대학원 일어일문학과 일본고전문학 전공
논문 「落窪物語の一考察」外

손쉽게 **끝**내는
왕초보
일본어 회화사전

초판 6쇄 발행 2019년 4월 10일
초판 1쇄 발행 2013년 6월 28일

저자	더 콜링(김정희·桃坂昭弘·藤原明子·竹内一郎)
디자인	IndigoBlue
일러스트	허재희, 김혜윤
발행인	조경아
발행처	랭귀지북스
주소	서울시 마포구 포은로2나길 31 벨라비스타 208호
전화	02.406.0047 **팩스** 02.406.0042
이메일	languagebooks@hanmail.net
홈페이지	www.languagebooks.co.kr
등록번호	101-90-85278 **등록일자** 2008년 7월 10일
ISBN	978-89-94145-87-7 (13730)
가격	9,000원

Copyright©LanguageBooks 2013
잘못된 책은 구입한 서점에서 바꿔 드립니다.

손쉽게 끝내는
왕초보
일본어 회화사전

더 콜링 지음

Language Books

머리말

일본어 王초보 氏가 일본어 고수가 되기 위해
꼭 챙기는 머스트해브 아이템!
내 손에 쏘옥 들어오는 작은 책이지만,
내 일본어를 빛나게 할 큰 파워를 가졌다!

필요한 일본어 표현, 크고 무거운 책에 담겨 있어 그림의 떡이었던 적이 있었다면 이제 〈손쉽게 끝내는 왕초보 일본어회화사전〉으로 가방의 무게를 줄여 보세요. 언제 어디에서든 필요한 표현을 쉽게 찾아볼 수 있도록 일상생활에서 필요한 표현들만 엄선해 휴대 간편한 사이즈에 담았습니다.

〈손쉽게 끝내는 왕초보 일본어회화사전〉에서는 군더더기 표현들을 버리고 일상적으로 써 먹을 수 있는 표현들만 모았습니다. 일본어를 잘하기 위해 어려운 말을 구사하려고 애쓰지 마세요. 쉬운 말이라도 내 입 밖으로 꺼내는 것이 중요합니다. 그래서 여러분에게 일본어의 자신감을 더해 줄 수 있도록 모든 일본어 표현에 한글 발음 표기를 달았습니다. 최대한 원어민의 발음에 가깝도록 한글로 표기하여 필요한 표현을 구사할 수 있도록 했습니다.

한국과 한국 문화, 그리고 한국어 사랑이 뜨거웠던 桃坂, 明子, 一郎 씨, 바쁜 일상 중에도 기꺼이 시간 내어 감수해 준 윤의(理沙) 언니, 이 책이 출판될 수 있도록 힘써 주시는 랭귀지북스에 감사의 마음을 전합니다.

그리고 언제나 내 삶의 소망 되시는 하나님께 모든 영광을 돌립니다.

더 콜링 김정희

한글 발음 표기 규칙

원어민 발음에 최대한 가까운 한글 발음 표기!

일본어 발음이 한글에 일대일로 대응하지 않기 때문에 표기 자체가 무리가 되지만, 여러분의 학습에 편의를 드리고자 원어민 발음에 최대한 가깝게 표기했습니다.

(1) 「か」행
- 단어 첫머리에 오면 'ㅋ', 단어 중간이나 끝에 오면 'ㄲ'
  예) かき 카끼
- 가타카나 「カ」행은 위치에 상관없이 'ㅋ'
  예) ケーキ 케-키
- 「さ」행 앞에 「く」가 오면 '쿠' 라고 발음하지 않고, 'ㄱ받침'이 된다.
  예) がくせい 각세-   やくそく 약소꾸

(2) 「た」행
- 「た, て, と」는 단어 첫머리에 오면 'ㅌ', 단어 중간이나 끝에 오면 'ㄸ'
  예) たいよう 타이요-   いったい 잇따이
- 가타카나 「タ」행은 위치에 상관없이 'ㅌ'
- 「ち, つ」는 단어 첫머리에 오면 'ㅊ', 단어 중간이나 끝에 오면 'ㅉ'
  예) ちきゅう 치뀨-   つき 츠끼   きもち 키모찌
  なつ 나쯔
- 「ぢ」는 '지'
  예) はなぢ 하나지

(3) 「は」행
- 「ぱ」행은 단어 첫머리에 오면 'ㅍ', 단어 중간이나 끝에 오면 'ㅃ'
  예) いっぱい 입빠이
- 조사로 쓰인 「は」와 「では」는 각각 '와', '데와'
  조사로 쓰인 「へ」는 '에'

- 가타카나 「パ」행은 위치에 상관없이 'ㅍ'
  예) プロペラ 푸로페라

(4) 「ん」
- 「ま, ば, ぱ」행 앞에서는 'ㅁ'
  예) あんま 암마   しんぶん 심붕   かんぱい 캄빠이
- 「さ, ざ, た, だ, な, ら」행 앞에서는 'ㄴ'
  예) かんじ 칸지   おんな 온나   べんり 벤리
- 「あ, か, が, は, や, わ」행 앞에서와 「ん」로 끝날 때 'ㅇ'
  예) れんあい 렝아이   さんか 상까   にほんご 니홍고
     でんわ 뎅와   ほん 홍

(5) 「っ」 촉음
- 「か」행 앞에서는 'ㄱ', 「さ, た」행 앞에서는 'ㅅ', 「ぱ」행 앞에서는 'ㅂ'
  예) がっこう 각꼬-   けっせき 켓세끼   きって 킷떼
     きっぷ 킵뿌

(6) 장음(-)이 되는 경우
- 「あ」단 뒤에 「あ」가 올 때
- 「い」단 뒤에 「い」가 올 때
- 「う」단 뒤에 「う」가 올 때
- 「え」단 뒤에 「い」나 「え」가 올 때
- 「お」단 뒤에 「う」나 「お」가 올 때
- 요음 「ゃ, ゅ, ょ」 뒤에 「う」가 올 때

차례

머리말	4
한글 발음 표기 규칙	6
차례	8

Chapter 1 이 정돈 기본이에요!

Unit 1 인사
처음 만났을 때	13
때에 따른 인사	15
오랜만에 만났을 때	16
안부를 묻는 인사	18
안부 인사에 대한 대답	19
헤어질 때 인사	20
환영할 때	23
사람 부르기	24
말을 걸 때	25

Unit 2 소개
상대의 정보 묻기	26
자기 소개하기	29

Unit 3 감사
감사하다	31
감사 인사에 응답할 때	35

Unit 4 사과
사과하다	37
사과 인사에 응답할 때	40
잘못&실수했을 때	41

Unit 5 대답
잘 알아듣지 못할 때	43
실례&양해를 구할 때	45
긍정적으로 대답할 때	46
부정적으로 대답할 때	48
완곡히 거절할 때	50
기타 대답	51
맞장구 칠 때	54
맞장구 치지 않을 때	56
반대할 때	57

Unit 6 주의&충고
주의를 줄 때	58
충고할 때	61

Unit 7 기타
부탁할 때	66
긍정적 추측	67
부정적 추측	68

Unit 8 전화
전화를 걸 때	70
전화를 걸 때 – 회사에서	72
전화를 받을 때	73
전화를 받을 때 – 회사에서	76
전화를 바꿔 줄 때	77
다시 전화한다고 할 때	79
전화를 받을 수 없을 때	80
통화 상태가 안 좋을 때	82
전화 메시지 관련	83
잘못 걸려온 전화	84
전화를 끊을 때	85
전화 관련 기타	86

Chapter 2 무슨 말을 꺼낼까?

Unit 1 하루 생활
일어나기	89
기상하기	91
세면	93
샤워	95
목욕	96
식사 – 일반	98
아침 식사	99
점심 식사	100
저녁 식사&기타	101
옷 입기	102
TV 시청	104

잠자리 들기	106
잠버릇	109
숙면	111
꿈	113

Unit 2 집

화장실 사용	114
화장실 문제	115
화장실 에티켓	116
소변&대변	117
거실	119
부엌용품	121
냉장고	122
전자&가스레인지	123
요리 준비	124
요리하기	125
식사 예절	127
설거지	129
위생	130
청소	131
걸레질	133
분리수거	134
세탁	136
다림질	138
집 꾸미기	139

Unit 3 운전&교통

운전	140
주차	143
교통 체증	144
교통 위반	145

Unit 4 이사

부동산 – 집 구하기	147
부동산 – 계약하기	150
이사 계획	151
짐 싸기&정리	153
집들이	155

Chapter 3 나랑 친구할래요?

Unit 1 날씨&계절

날씨 묻기	157
일기예보	159
맑은 날	161
흐린 날	163
비 오는 날	164
천둥&번개	167
봄 날씨	168
황사	171
여름 날씨	172
태풍	175
장마	176
가뭄	177
홍수	178
가을 날씨	179
단풍	182
겨울 날씨	183
눈	186

Unit 2 명절&기념일

설날	188
새해 결심	189
크리스마스	190
생일	192
축하	194

Unit 3 음주

주량	196
과음	198
술버릇	200
술에 취함	201
술에 대한 충고	203
술에 대한 기호	204
금주	205
술 관련 기타	206

Unit 4 흡연

흡연	209
담배	211
금연	213

9

Unit 5 취미
취미 묻기	216
취미 대답하기	217
사진	219
스포츠	220
구기 스포츠	225
음악 감상	228
악기 연주	229
영화 감상	231
극장 가기	233
독서	235
십자수	238
수집	239

Unit 6 애완동물
애완동물	240
애완동물 - 개	242
애완동물 - 고양이	246
애완동물 - 기타	247

Unit 7 식물 가꾸기
식물	248

Chapter 4 어디에서든 문제없어!

Unit 1 음식점
음식점 추천	251
식당 예약	252
식당 안내	253
메뉴 보기	255
주문	256
주문 결정	258
주문하기 - 메인 요리	259
주문하기 - 요청 사항	260
주문하기 - 음료 및 디저트	262
웨이터와 대화	263
서비스 불만	264
음식 맛 평가	266
계산	267
커피숍에서	269
패스트푸드	270

해널	272

Unit 2 쇼핑
쇼핑	273
옷 가게	275
옷 가게 - 사이즈	277
옷 가게 - 컬러&디자인	279
옷 가게 - 기타	280
대형 마트 - 슈퍼마켓	281
할인 행사 - 일정	284
특정 할인 기간	285
할인 내역	286
할인 행사 기타	287
계산	288
배송	291
교환&환불	292
반품	293

Unit 3 병원&약국
병원 예약	294
병원 수속	295
진찰실	296
외과	298
내과 - 감기	300
내과 - 열	301
내과 - 소화기	303
치과 상담	306
치과 - 발치&사랑니	308
치과-충치	309
치과 - 기타	311
피부과&안과	312
이비인후과&기타	313
입원&퇴원	314
수술&중환자	316
병원비&보험	317
문병	318
처방전	320
약국 - 복용 방법	321
약국 - 약 구입	322

Unit 4 은행&우체국
은행 - 계좌	323
입출금	326

송금	327
ATM	328
신용카드	330
환전	331
환율	332
은행 기타	333
우체국 – 편지 발송	334
소포 발송	336
국제우편&전보 등	337

Unit 5 렌터카&주유소
렌터카 이용	339
주유소	342
세차&정비	344

Unit 6 영화관&기타 공연장
영화관	345
영화표	347
영화관 에티켓	348
기타 공연	349

Unit 7 술집
술집	350
술 권하기	352
안주 고르기	356

Chapter 5 긴급상황도 OK!

Unit 1 응급상황
응급상황	359
구급차	360

Unit 2 길을 잃음
길을 잃음	361
미아	362

Unit 3 사건&사고
분실사고	363
분실신고&분실물 센터	364
도난	365
소매치기	367

사기	369
경찰 신고	371
교통사고	372
화재	374
지진	377
안전사고	379

Unit 4 장례
장례	381
조문 인사	382

Chapter 6 너희들 덕에 편하구나!

Unit 1 컴퓨터
컴퓨터	385
컴퓨터 모니터	387
컴퓨터 사양	388
컴퓨터 키보드&마우스	389
컴퓨터 프린터	390
복사기	391
문서 작업	392
파일 저장&관리	394

Unit 2 인터넷
인터넷	396
이메일	398
메신저	400
소셜 네트워크	402
블로그	403

Unit 3 휴대전화
휴대전화	405
휴대전화 문제	406
휴대전화 기능	407
벨 소리	409

Unit 4 기타 기기
MP3 플레이어	410
네비게이션	411
디지털 카메라	412
사진 찍기	414

Chapter 01

이 정도는 기본이에요!

Unit 1 인사
Unit 2 소개
Unit 3 감사
Unit 4 사과
Unit 5 대답
Unit 6 주의&충고
Unit 7 기타
Unit 8 전화

Unit 1 인사

처음 만났을 때

💬 처음 뵙겠습니다.

初めまして。
하지메마시떼

💬 잘 부탁합니다.

どうぞよろしくお願いします。
도-조 요로시꾸 오네가이시마스

💬 잘 부탁해.

どうぞよろしく。
도-조 요로시꾸

💬 저야말로 잘 부탁합니다.

こちらこそよろしくお願いします。
코찌라꼬소 요로시꾸 오네가이시마스

💬 나야말로 잘 부탁해.

こちらこそ。
코찌라꼬소

こちらこそよろしく。
코찌라꼬소 요로시꾸

💬 만나시 반갑습니다.

お目にかかれてとても嬉しいです。
오메니 카까레떼 토떼모 우레시-데스

お会いできて嬉しいです。
오아이데끼떼 우레시-데스

💬 만나 뵙게 되어 영광입니다.

お目にかかれて光栄です。
오메니 카까레떼 코-에-데스

💬 말씀 많이 들었습니다.

おうわさはかねがね伺っておりました。
오우와사와 카네가네 우까갓떼 오리마시따

お話はよく伺っております。
오하나시와 요꾸 우까갓떼 오리마스

💬 마츠모토에게 말씀은 들었습니다.

松本の方から噂を聞いてました。
마쯔모또노 호-까라 우와사오 키이떼마시따

💬 명함을 주시겠어요?

お名刺をいただけますか。
오메-시오 이따다께마스까

💬 제 명함을 드릴까요?

私の名刺を受け取っていただけますでしょうか。
와따시노 메-시오 우께똣떼 이따다께마스데쇼-까

때에 따른 인사

💬 안녕하세요.

おはよう。
오하요-

おはようございます。
오하요- 고자이마스

こんにちは。
콘니찌와

こんばんは。
콤방와

💬 잘 자요.

おやすみ。
오야스미

おやすみなさい。
오야스미나사이

💬 잘 잤어?

よく眠(ねむ)れた？
요꾸 네무레따

나를 기준으로 부르는 가족 호칭

父(ちち) 아버지   母(はは) 어머니
兄(あに) 형, 오빠   姉(あね) 누나, 언니
弟(おとうと) 남동생   妹(いもうと) 여동생
息子(むすこ) 아들   娘(むすめ) 딸

오랜만에 만났을 때

💬 오랜만입니다.
お久しぶりです。
오히사시부리데스

しばらくです。
시바라꾸데스

💬 오랜만이네.
久しぶりだね。
히사시부리다네

💬 몇 년 만입니까?
何年ぶりですか。
난넴부리데스까

💬 오랫동안 뵙지 못했습니다.
長いこと、お目にかかれませんでした。
나가이 코또 오메니 카까레마센데시따

💬 오랫동안 소식을 드리지 못했습니다.
ご無沙汰しています。
고부사따시떼 이마스

ご無沙汰しておりました。
고부사따시떼 오리마시따

💬 시간 참 빠르네요.

時間は早いものですね。
지깡와 하야이 모노데스네

💬 뵙고 싶었어요.

お会いしたかったです。
오아이시따 깟따데스

💬 어떻게 지내셨어요?

どうしていましたか。
도-시떼이마시따까

💬 어떻게 지냈니?

どうしていた(の)？
도-시떼이따(노)

💬 하나도 안 변했어요.

少しも変わらないですね。
스꼬시모 카와라나이데스네

💬 전혀 안 변했구나.

相変わらずだね。
아이까와라즈다네

💬 아니 이게 누구야!

いやー、これはこれは！
이야- 코레와꼬레와

안부를 묻는 인사

💬 건강하세요?
お元気ですか。
오겡끼데스까

💬 지난 주말 어땠어요?
先週の週末いかがでしたか。
센슈―노 슈―마쯔 이까가데시따까

💬 가족 분들은 모두 잘 지내십니까?
ご家族の皆さんはお元気ですか。
고까조꾸노 미나상와 오겡끼데스까

💬 자제분은 잘 있습니까?
お子さんはお元気ですか。
오꼬상와 오겡끼데스까

💬 어떻게 지내세요?
いかがお過ごしですか。
이까가 오스고시데스까

💬 별일 없어요?
お変わりないですか。
오까와리나이데스까

안부 인사에 대한 대답

💬 모두 건강합니다.
みんな元気です。
민나 겡끼데스

💬 그럭저럭 지냅니다.
まあまあです。
마-마-데스

💬 늘 마찬가지죠.
いつも同じですね。
이쯔모 오나지데스네

💬 별일 없어.
いや、別に。
이야 베쯔니

💬 무슨 별다른 일이라도?
何か変わったことは？
나니까 카왓따 코또와

헤어질 때 인사

💬 안녕히 가세요.

さよなら。
사요나라

💬 그럼, 내일 또 봐요.

では、また明日。
데와 마따 아시따

じゃ、明日会いましょう。
쟈 아시따 아이마쇼-

💬 그럼, 다음 주에 또 봐요.

じゃあ、また来週。
쟈- 마따 라이슈-

じゃ、来週会いましょう。
쟈- 라이슈- 아이마쇼-

일본어의 경어

일본어에도 우리말의 존대말처럼 예의를 갖춰야 하는 경우 사용하는 말이 다릅니다.
(1) 존경어 : 상대의 동작이나 상태 등에 대해서 존경의 마음을
　　　　　　나타내는 말
(2) 겸양어 : 자신 또는 가족의 동작이나 상태를 낮추어서 표현하는 말
(3) 정중어 : 말을 정중하게 함으로써 상대방에게 경의를 표하는 말

💬 그럼, 나중에 봐.

じゃあ、あとでね。
쟈- 아또데네

💬 그럼, 또 봐.

じゃあ、またね。
쟈- 마따네

💬 다녀올게요.

行ってきます。
잇떼 키마스

行って参ります。
잇떼 마이리마스

💬 잘 다녀오세요.

行ってらっしゃい。
잇떼랏샤이

💬 조심하세요.

気をつけてください。
키오 츠께떼 쿠다사이

💬 전 지금 가야겠어요.

もう行かないといけません。
모- 이까나이또 이께마셍

💬 가끔 연락하고 지내자.

たまに連絡してね。
타마니 렌라꾸시떼네

💬 당신 가족에게 안부를 전해 주세요.

ご家族によろしく。
고까조꾸니 요로시꾸

ご家族によろしく伝えてください。
고까조꾸니 요로시꾸 츠따에떼 쿠다사이

일본인의 성(姓)

일본인이 모두 성(姓)을 가질 수 있던 것은 1870년 메이지 정부가 평민에게 성(姓)을 가질 수 있도록 허락한 후부터입니다. 그 전에는 무사나 귀족 등만 가질 수 있었던 특권이었던 거죠. 평민들이 성(姓)을 가질 수 있게 되며 다양한 성(姓)들이 생겨났습니다.
그런데 같은 한자라도 읽는 방법이 다르거나, 같은 발음인데 다른 한자를 쓰는 바람에 약 30만 종류의 성(姓)이 있다고 합니다.
그래서 일본인의 이름을 한자만 봐서는 어떻게 읽는지 알기 어렵습니다. 만약 명함을 받는다면 어떻게 읽는지 꼭 물어보세요.

佐藤(さとう)　　　鈴木(すずき)

高橋(たかはし)　　田中(たなか)

渡辺(わたなべ)　　伊藤(いとう)

山本(やまもと)　　中村(なかむら)

小林(こばやし)　　加藤(かとう)

환영할 때

💬 어서 오세요.

いらっしゃい。
이랏샤이

いらっしゃいませ。
이랏샤이마세

お帰りなさい。
오까에리나사이

💬 일본에 오신 것을 환영합니다.

ようこそ日本へ。
요-꼬소 니홍에

💬 저희 집에 오신 것을 환영합니다.

私の家にようこそ。
와따시노 이에니 요-꼬소

💬 이곳이 마음에 들기 바랍니다.

こちらを気に入ってもらえると嬉しいです。
코찌라오 키니 잇떼 모라에루또 우레시-데스

ここを気に入ってもらえると嬉しいです。
코꼬오 키니 잇떼 모라에루또 우레시-데스

💬 함께 일하게 되어 반갑습니다.

一緒に働くようになって嬉しいです。
잇쇼니 하따라꾸요-니 낫떼 우레시-데스

사람 부르기

💬 실례합니다.

すみません。
스미마셍

💬 여보세요.

もしもし。
모시모시

💬 어이.

おい。
오이

💬 저……

あのう。/ ねえ。/ あのさあ。
아노- / 네- / 아노사-

💬 실은.

実は。
지쯔와

💬 저어.

あのね。
아노네

말을 걸 때

💬 할 말이 있는데.
話があるんだけど。
하나시가 아룬다께도

💬 이야기 하고 싶은 게 있는데요.
話したいことがあるんですが。
하나시따이 코또가 아룬데스가

💬 들어줬으면 하는 게 있는데.
聞いてもらいたいことがあるんだけど。
키이떼 모라이따이 코또가 아룬다께도

💬 의논했으면 하는 게 있어.
相談したいことがあるの。
소―단시따이 코또가 아루노

💬 지금, 이야기 해도 될까?
今、話してもいい？
이마 하나시떼모 이―

💬 지금, 시간 있어?
今、時間ある？
이마 지깡 아루

Unit 2 소개

상대의 정보 묻기

💬 실례지만, 성함이 어떻게 되세요?
失礼ですが、お名前は何とおっしゃいますか。
시쯔레-데스가 오나마에와 난또 옷샤이마스까

💬 성함이 어떻게 되세요?
お名前は何ですか。
오나마에와 난데스까

💬 성함을 어떻게 읽습니까?
お名前は何と読みますか。
오나마에와 난또 요미마스까

💬 성함의 한자는 어떻게 읽습니까?
お名前の漢字はどう読みますか。
오나마에노 칸지와 도- 요미마스까

💬 이름 가르쳐 줘.
名前教えて。
나마에 오시에떼

💬 성함이 뭐였지요?
お名前は何でしたか。
오나마에와 난데시따까

💬 별명이 무엇입니까?

ニックネームは何ですか。
닉쿠네-무와 난데스까

💬 성함만 알고 있었습니다.

お名前だけ分かっていました。
오나마에다께 와깟데 이마시따

💬 명함을 주시겠습니까?

お名刺をいただけますか。
오메-시오 이따다께마스까

💬 직업이 뭐예요?

お仕事は何ですか。
오시고또와 난데스까

💬 국적이 어떻게 되요?

国籍は何ですか。
콕세끼와 난데스까

💬 어디 태생인가요?

どちらのお生まれですか。
도찌라노 오우마레데스까

💬 학교는 어디 냐닙니까?
学校はどちらですか。
각꼬-와 도찌라데스까

💬 가족은 몇 분입니까?
ご家族は何人ですか。
고까조꾸와 난닌데스까

직업 관련 어휘

会社員(かいしゃいん) 회사원	サラリーマン 샐러리맨
教師(きょうし) 교사	医者(いしゃ) 의사
パイロット 파일럿	スチュワーデス 스튜어디스
農夫(のうふ) 농부	漁師(りょうし) 어부
警察官(けいさつかん) 경찰관	消防士(しょうぼうし) 소방수
牧師(ぼくし) 목사	神父(しんぷ) 신부
坊(ぼう)さん 승려	公務員(こうむいん) 공무원
弁護士(べんごし) 변호사	大工(だいく) 목수
コック(こっく) 요리사	

자기 소개하기

💬 제 소개를 하겠습니다.
自己紹介させてください。
지꼬 쇼-까이사세떼 쿠다사이

💬 김지현 씨에게 소개받은 이진우입니다.
金さんにご紹介いただきましたイジンウです。
킨산니 고쇼-까이이따다끼마시따 이징우데스

💬 처음 뵙겠습니다, 스즈키 류이치라고 합니다.
初めまして、鈴木龍一と申します。
하지메마시떼 스즈끼류-이찌또 모-시마스

💬 스즈키 류이치입니다.
鈴木龍一です。
스즈끼류-이찌데스

💬 치아키라고 불러 주세요.
私を千秋と呼んでください。
와따시오 치아끼또 욘데 쿠다사이

💬 저는 한국에서 왔습니다.
私は韓国から来ました。
와따시와 캉꼬꾸까라 키마시따
私は韓国人です。
와따시와 캉꼬꾸진데스

💬 저는 다나카 회사의 후지모토입니다.
私は田中会社の藤本です。
와따시와 타나까 카이샤노 후지모또데스

💬 저는 은행에서 근무합니다.
私は銀行に勤めています。
와따시와 깅꼬-니 츠또메떼 이마스

💬 저는 하라주쿠의 옷가게에서 일합니다.
私は原宿の服屋で働いています。
와따시와 하라쥬꾸노 후꾸야데 하따라이떼 이마스

💬 저는 한국대학교 4학년입니다.
私は韓国大学の4年生です。
와따시와 캉꼬꾸 다이가꾸노 요넨세-데스

💬 저는 미혼입니다.
私は未婚です。
와따시와 미꼰데스

💬 저는 결혼했습니다.
私は結婚しています。
와따시와 켁꼰시떼 이마스

Unit 3 감사

감사하다

💬 고마워요.

ありがとう。
아리가또-

どうも。
도-모

サンキュー。
상큐-

💬 감사합니다.

ありがとうございます。
아리가또-고자이마스

感謝します。
칸샤시마스

💬 감사 드립니다.

感謝しております。
칸샤시떼 오리마스

💬 아주 고맙습니다.

本当にありがとうございます。
혼또-니 아리가또-고자이마스

💬 깊이 감사 드립니다.

深く御礼申し上げます。
후까꾸 오레- 모-시아게마스

💬 어쨌든 감사합니다.

何はともあれ、ありがとう。
나니와또모아레 아리가또-

とにかくありがとう。
토니까꾸 아리가또-

💬 아주 고마워서 어떻게 감사해야 할지 모르겠습니다.

とてもありがたくてどう言っていいか分かりません。
토떼모 아리가따꾸떼 도- 잇떼 이-까 와까리마셍

どれほど感謝してるか言いきれません。
도레호도 칸샤시떼루까 이-끼레마셍

💬 뭐라 감사의 말씀을 드려야 좋을지 모르겠네요.

何と御礼を申したらいいのか分からないです。
난또 오레-오 모-시따라 이-노까 와까라나이데스

💬 여러모로 신세 많이 졌습니다.

いろいろお世話になりました。
이로이로 오세와니 나리마시따

💬 대단히 신세 많이 졌습니다.

たいへんお世話になりました。
타이헹 오세와니 나리마시따

💬 당신 덕분으로 도움이 되었습니다.

おかげさまで助かりました。
오까게사마데 타스까리마시따

💬 저를 위해 애써 주셔서 감사합니다.
私のために心配してくれてありがとうございます。
와따시노 타메니 심빠이시떼 쿠레떼 아리가또-고자이마스

💬 지난번에는 고마웠어.
先日はどうも。
센지쯔와 도-모

💬 수고를 끼쳐드렸습니다.
ご面倒をおかけしました。
고멘도-오 오까께시마시따

💬 늘 도와주셔서 감사합니다.
いつも助けてくれてありがとうございます。
이쯔모 타스께떼 쿠레떼 아리가또-고자이마스

💬 도와주셔서 대단히 감사합니다.
手伝ってくれてどうもありがとうございます。
테쯔닷떼 쿠레떼 도-모 아리가또-고자이마스
本当に助かりました。
혼또-니 타스까리마시따

💬 당신의 친절에 감사 드립니다.
親切にして下さってありがとうございます。
신세쯔니 시떼 쿠다삿떼 아리가또-고자이마스

💬 요시다 씨 덕분입니다.
吉田さんのおかげです。
요시다산노 오까게데스

💬 알려 줘서 고마워.
知らせてくれてありがとう。
시라세떼 쿠레떼 아리가또-

💬 초대해 주셔서 고맙습니다.
ご招待ありがとうございます。
고쇼-따이 아리가또-고자이마스
お招きありがとうございます。
오마네끼 아리가또-고자이마스

💬 만나러 와 줘서 고마워.
会いに来てくれてありがとう。
아이니 키떼 쿠레떼 아리가또-

💬 길을 가르쳐 줘서 고마워요.
道を教えてくれてありがとう。
미찌오 오시에떼 쿠레떼 아리가또-

💬 선물, 무척 고마워요.
プレゼント、どうもありがとう。
푸레젠토 도-모 아리가또-

💬 배려해 주신 것 감사합니다.

気をつかってくださって感謝します。
키오 츠깟떼 쿠다삿떼 칸샤시마스

💬 기다려줘서 고마워.

待ってくれてどうも。
맛떼 쿠레떼 도-모

감사 인사에 응답할 때

💬 천만에요.

どういたしまして。
도-이따시마시떼

💬 덕분입니다.

おかげさまです。
오까게사마데스

💬 제가 오히려 고맙죠.

こちらこそ、どうもありがとう。
코찌라꼬소 도-모 아리가또-

💬 대단한 일도 아닌데요.

大したことではありません。
타이시따 코또데와 아리마셍

💬 언제라도 부탁하세요.

いつでも頼んでください。
이쯔데모 타논데 쿠다사이

💬 도움이 될 수 있어서 기뻐요.

お役に立てて嬉しいです。
오야꾸니 타떼떼 우레시-데스

> **무적의 すみません**
>
> 흔히 '미안합니다'로 사과할 때 쓰는 말이지만, 꼭 그렇지도 않습니다.
> 상대방보다 먼저 자리를 떠야할 때 '실례합니다'에 해당하는 말로 할 수 있고, 볼펜을 빌려받았을 때 '감사합니다'라는 의미도 됩니다.
> 또, 음식점에 가서 종업원을 부르는 등 상대방의 주의를 환기시킬 때도 가능합니다.

Unit 4 사과

사과하다

💬 미안합니다.

ごめんなさい。
고멘나사이

すみません。
스미마셍

申し訳ありません。
모-시와께아리마셍

申し訳ございません。
모-시와께고자이마셍

💬 미안.

ごめん。
고멩

💬 사과 드립니다.

お詫びいたします。
오와비이따시마스

お詫び申し上げます。
오와비모-시아게마스

💬 그 일에 대해서 미안하게 생각하고 있습니다.

その事に対してすまなく思っています。
소노 코또니 타이시떼 스마나꾸 오못떼 이마스

💬 기다리게 해서 미안합니다.

お待たせしてすみませんでした。
오마따세시떼 스미마센데시따

💬 늦어서 죄송합니다.

遅くなってすみません。
오소꾸낫떼 스미마셍

💬 대단히 죄송합니다.

誠に申し訳ございません。
마꼬또니 모-시와께고자이마셍

💬 대단히 죄송했습니다.

どうもすみませんでした。
도-모 스미마센데시따

💬 앞으로 이런 일이 없을 겁니다.

これからはこんな事がないようにします。
코레까라와 콘나 코또가 나이요-니 시마스

💬 뭐라고 사과해야 할지 모르겠어요.

何と謝ればいいか分からないです。
난또 아야마레바 이-까 와까라나이데스

💬 진심으로 사과 드립니다.

心からおわびいたします。
코꼬로까라 오와비이따시마스

💬 폐를 끼쳤습니다.
ご迷惑をおかけしました。
고메-와꾸오 오까께시마시따

💬 폐를 끼쳐 드려 죄송합니다.
ご迷惑をかけてしまい申し訳ございません。
고메-와꾸오 카께떼 시마이 모-시와께고자이마셍

💬 기분이 나빴다면 미안해요.
気にさわったらごめんなさい。
키니 사왓따라 고멘나사이

💬 미안하다는 말을 하고 싶어요.
あやまりたいです。
아야마리따이데스

사과 인사에 응답할 때

💬 괜찮습니다.

いいです。
이-데스
大丈夫です。
다이죠-부데스

💬 저야말로 사과를 드려야죠.

私の方こそごめんなさい。
와따시노 호-꼬소 고멘나사이

💬 제가 잘못했습니다.

私がいけませんでした。
와따시가 이께마센데시따

💬 걱정하지 마세요.

気にしないでください。
키니 시나이데 쿠다사이
ご心配なく。
고심빠이나꾸

💬 당신의 사과를 받아들이겠습니다.

あなたの謝罪を受け入れます。
아나따노 샤자이오 우께이레마스

잘못&실수했을 때

💬 내가 잘못했어.
私が悪かった。
와따시가 와루깟따

💬 저 때문에 죄송합니다.
私のために申し訳ありません。
와따시노 타메니 모-시와께아리마셍

💬 고의가 아닙니다.
めいわくかけて、すみません。
메-와꾸까께떼 스미마셍

💬 제가 실수했어요.
私のまちがいです。
와따시노 마찌가이데스

💬 제 탓이에요.
私のせいです。
와따시노 세-데스

💬 죄송해요, 어쩔 수 없었어요.
ごめんなさい、しかたなかったんです。
고멘나사이 시까따나깟딴데스

💬 미안, 깜빡 잊었어.
ごめん、忘れていた。
고멩 와스레떼 이따

💬 미안해요. 부주의였습니다.
すみません。不注意でした。
스미마셍 후쮸-이데시따

💬 착각했습니다. 미안합니다.
間違えました。すみません。
마찌가에마시따 스미마셍

💬 폐를 끼쳤습니다.
ご迷惑をおかけしました。
고메-와꾸오 오까께시마시따

💬 귀찮게 해 드려 죄송합니다.
ご面倒をおかけして申し訳ありません。
고멘도-오 오까께시떼 모-시와께아리마셍

💬 문제가 생기리라고는 생각지 못했어요.
問題が起きるとは思いませんでした。
몬다이가 오끼루또와 오모이마셍데시따

💬 만회할 기회를 주세요.
取り返す機会をください。
토리까에스 키까이오 쿠다사이

Unit 5 대답

잘 알아듣지 못할 때

💬 죄송한데, 안 들려요.

すみませんが、聞こえません。
스미마셍가 키꼬에마셍

💬 말이 너무 빨라 잘 알아들을 수 없어요.

あまり早口でよく聞き取れないです。
아마리 하야꾸찌데 요꾸 키끼또레나이데스

💬 미안해요. 지금, 뭐라고 말씀하셨습니까?

失礼。今、何とおっしゃいましたか。
시쯔레- 이마 난또 옷샤이마시따까

💬 잘 모르겠네요.

よく分かりません。
요꾸 와까리마셍

💬 말을 알아듣지 못했어요.

言うことを聞き取れませんでした。
이우 코또오 키끼또레마셍데시따

💬 다시 한 번 말해 주세요.

もう一度言ってください。
모- 이찌도 잇떼 쿠다사이

💬 미안, 나한테 말했었지?

ごめん、僕に言ってたんだね。
고멩 보꾸니 잇떼딴다네

💬 지금, 뭔가 말했니?

今、何か言った？
이마 낭까 잇따

💬 무슨 뜻이죠?

どういう意味ですか。
도-이우 이미데스까

何の意味ですか。
난노 이미데스까

💬 뭐라고?

何て？
난떼

💬 예를 들면?

たとえば？
타또에바

💬 천천히 말해 주세요.

ゆっくり言ってください。
육꾸리 잇떼 쿠다사이

실례&양해를 구할 때

💬 먼저 실례해도 될까요?

お先に失礼してもいいですか。
오사끼니 시쯔레-시떼모 이-데스까

💬 실례지만, 지나가도 될까요?

失礼ですが、通ってもいいでしょうか。
시쯔레-데스가 토-ㅅ떼모 이-데쇼-까

💬 잠시 실례하겠습니다, 곧 돌아오겠습니다.

ちょっと失礼します、すぐ戻ります。
奀또 시쯔레-시마스 스구 모도리마스

💬 일이 있어서 가 봐야겠어요.

仕事があるから、行かなければならないです。
시고또가 아루까라 이까나께레바 나라나이데스

💬 전화 좀 빌려 줄래?

ちょっと電話貸してくれる？
奀또 뎅와 카시떼 쿠레루

💬 죄송합니다만, 자리 좀 바꿔 주실 수 없겠습니까?

すみませんが、席を変わっていただけませんか。
스미마셍가 세끼오 카왓떼 이따다께마셍까

긍정적으로 대답할 때

💬 물론이죠.

もちろんですよ。
모찌론데스요

💬 알겠습니다.

分かりました。
와까리마시따

💬 기꺼이 하죠.

喜んでします。
요로꼰데시마스

💬 네. / 응.

はい。/ うん。
하이 / 웅

💬 네, 그렇습니다.

はい、そうです。
하이 소―데스

💬 네, 정말입니다.

はい、本当です。
하이 혼또―데스

💬 아, 정말이다.

ああ、本当だ。
아- 혼또-다

💬 응, 할게.

うん、やるよ。
웅 야루요

💬 그렇겠지.

そうだろうね。
소-다로-네

💬 당연하죠.

当然ですよ。
토-젠데스요

💬 전혀.

絶対だ。
젯따이다

💬 좋을 것 같아.

よさそう。
요사소-

💬 좋아요.

いいよ。
이-요

もちろん
ですよ。

부정직으로 대답할 때

💬 아니요.

いいえ。
이-에

💬 아니요, 그렇지 않습니다.

いいえ、そうじゃありません。
이-에 소-쟈아리마셍
いいえ、そうじゃないです。
이-에 소-쟈나이데스

💬 아니요, 다릅니다.

いいえ、違います。
이-에 치가이마스

💬 아니요, 이제 됐습니다.

いいえ、もう結構です。
이-에 모- 켁꼬-데스

💬 전혀 모르겠어요.

ぜんぜん分かりません。
젠젱 와까리마셍

💬 그렇지 않다고 생각해요.

そうじゃないと思いますが。
소-쟈나이또 오모이마스가

💬 안 될 것 같습니다.
だめだと思います。
다메다또 오모이마스

💬 해결할 수 없어요.
解決することができません。
카이께쯔스루 코또가 데끼마셍

💬 아무것도 아니에요.
何でもないです。
난데모 나이데스
何でもありません。
난데모 아리마셍

💬 아직이요.
まだです。
마다데스

💬 물론 아니죠.
もちろん違います。
모찌롱 치가이마스

💬 예, 유감인데요.
え、残念ですね。
에 잔넨데스네

완곡히 거절할 때

💬 유감이지만, 안 되겠어요.

残念ですけど、だめです。
잔넨데스께도 다메데스

💬 그렇게 생각하지 않는데요.

そう(は)思いませんが。
소-(와) 오모이마셍가

💬 아니요, 할 수 없을 것 같군요.

いいえ、できないようですね。
이-에 데끼나이요-데스네

💬 미안해요, 지금은 무리예요.

ごめんなさい、今は無理ですよ。
고멘나사이 이마와 무리데스요

💬 아무래도 안 되겠어요.

どうしてもだめです。
도-시떼모 다메데스

💬 모른 체 하겠습니다.

知らないふりをします。
시라나이후리오 시마스

기타 대답

💬 그럴 수도 있죠.

そんなこともあります。
손나 코또모 아리마스

💬 그럴지도 몰라.

そうかもしれない。
소-까모시레나이

💬 아마도.

たぶん。
타붕

💬 아마 그럴 거야.

どうもそうらしい。
도-모 소-라시-

💬 그렇다면 좋겠는데.

そうだといいんだけれど。
소-다또 이-ㄴ다께레도

💬 그것은 경우에 따라 달라요.

それは場合によって違います。
소레와 바아이니 욧떼 치가이마스

💬 이해하겠어요?

分かりますか。
와까리마스까

💬 믿기 어려운데요.

信じがたいです。
신지가따이데스

💬 믿을 수 없어.

信じられない。
신지라레나이

💬 장난치지 마.

いたずらをするな。
이따즈라오 스루나

💬 생각 좀 해 보겠어요.

ちょっと考えてみます。
촛또 캉가에떼 미마스

💬 할 기분이 아니에요.

気持がのらないです。
키모찌가 노라나이데스

💬 나중에 기회를 주세요.

後で機会をください。
아또데 키까이오 쿠다사이

💬 글쎄, 어떨까요?

さあ、どうでしょうか。
사- 도-데쇼-까

💬 글쎄요, 의심스럽군.

そうですね、疑わしいな。
소-데스네 우따가와시-나

💬 글쎄, 애매한데.

まあ、どっちつかずだ。
마- 돗찌쯔까즈다

💬 확실하지 않지만.

はっきりしないのですが。
학끼리시나이노데스가

💬 뭐라고 말할 수 없습니다.

何とも言えません。
난또모 이에마셍

💬 어느 쪽이라고도 말할 수 없군요.

どちらとも言えませんね。
도찌라또모 이에마셍네

💬 한 마디로는 말할 수 없군요.

一口では言えませんね。
히또구찌데와 이에마셍네

맞상구 칠 때

💬 맞아요.

そのとおりです。
소노 토-리데스

💬 맞아, 맞아.

そうだ、そうだ。
소-다 소-다

💬 바로 그것입니다.

まさしくそれです。
마사시꾸 소레데스

💬 저도요.

私(わたし)もですね。
와따시모데스네

💬 좋은 생각이에요.

いいアイディアですね。
이- 아이디아데스네

💬 좋아, 됐어.

よし、オッケーです。
요시 옥케-데스

💬 네, 그렇고 말고요.

はい、そのとおりです。
하이 소노 토-리데스

💬 찬성!
賛成！
산세-

💬 저도 그렇습니다.
私もそうなんです。
와따시모 소-난데스

💬 저도 같습니다.
私だって同じです。
와따시닷떼 오나지데스

💬 당신의 의견에 동의합니다.
私はあなたの意見に同意します。
와따시와 아나따노 이껜니 도-이시마스

💬 그의 제의에 동의합니다.
彼の提議に同意します。
카레노 테-기니 도-이시마스

💬 그럴 거라고 생각해요.
そうだと思います。
소-다또 오모이마스

맞장구 치지 않을 때

💬 그래요?

そうなんですか。
소-난데스까

💬 그럴 리가요.

そのような事が。
소노요-나 코또가

💬 잘 모르겠어요.

よく分からないです。
요꾸 와까라나이데스

💬 참 안 됐군요.

本当に気の毒でした。
혼또-니 키노도꾸데시따

💬 꼭 그렇지는 않아요.

必ずしもそうではないです。
카나라즈시모 소-데와나이데스

반대할 때

💬 반대!
反<small>はんたい</small>対！
한따이

💬 전 당신 의견을 지지하지 않아요.
私<small>わたし</small>はあなたの意<small>い</small>見<small>けん</small>を支<small>し</small>持<small>じ</small>しません。
와따시와 아나따노 이껜오 시지시마셍

💬 당신에게 동의하지 않아요.
私<small>わたし</small>はあなたに同<small>どう</small>意<small>い</small>しないです。
와따시와 아나따니 도-이시나이데스

💬 그 계획에 반대합니다..
私<small>わたし</small>はその計<small>けい</small>画<small>かく</small>に反<small>はん</small>対<small>たい</small>します。
와따시와 소노 케-까꾸니 한따이시마스

💬 그래요? 전 아닌데요.
そうですか。私<small>わたし</small>は違<small>ちが</small>います。
소-데스까 와따시와 치가이마스

Unit 6 주의&충고

주의를 줄 때

💬 조심해!
気をつけて！
키오 츠께떼

💬 차 조심해.
車に気をつけて。
쿠루마니 키오 츠께떼

💬 말을 조심해라.
言葉に気を付けなさい。
코또바니 키오 츠께나사이
言葉使いに気を付けなさい。
코또바즈까이니 키오 츠께나사이

💬 쓸데없는 짓 말아요.
無駄なことしないでね。
무다나 코또 시나이데네
無駄なことするな。
무다나 코또 스루나

💬 마음대로 하지 마.
勝手にするな。
캇떼니스루나

💬 비행기 태우지 마.

おだてるな。
오다떼루나

💬 비밀을 지켜 주세요.

秘密を守ってください。
히미쯔오 마못떼 쿠다사이

💬 조용히 해.

静かにしろ。
시즈까니 시로

💬 반말하지 마.

なまいきな口をきくな。
나마이끼나 쿠찌오 키꾸나

口のききかたを気をつけろ。
쿠찌노 키끼까따오 키오 츠께로

💬 너, 내 성질 건드리지 마.

お前、俺にけんかをうってるのか。
오마에 오레니 켕까오 웃떼루노까

💬 분위기 파악 좀 해라.

お前、少し空気を読めよ。
오마에 스꼬시 쿠−끼오 요메요

💬 발뺌하지 마.

しらないふりするな。
시라나이후리스루나

💬 자기 물건은 자기가 알아서 치우세요.

自分の物は自分で片付けてください。
지분노 모노와 지분데 카따즈께떼 쿠다사이

💬 장난치지 마.

からかうなよ。
카라까우나요

💬 노크도 안 하고 불쑥 들어오지 말아라.

ノックもしないで突然入って来ないでね。
녹쿠모시나이데 토쯔젱 하잇떼 코나이데네

💬 입에 가득 넣고 말하지 마라.

口にいっぱい入れて言うな。
쿠찌니 입빠이 이레떼 이우나

(ものを)食べながら口をきくな。
(모노오) 타베나가라 쿠찌오 키꾸나

食べながら物を言うな。
타베나가라 모노오 이우나

💬 그만 좀 해라.

もうやめなさい。
모- 야메나사이

💬 나한테 불만 있어?
私に文句ある(のか)？
와따시니 몽꾸 아루(노까)

💬 그를 괴롭히지 말아라.
彼をいじめるな。
카레오 이지메루나
彼を苦しめるな。
카레오 쿠루시메루나

충고할 때

💬 날 실망시키지 마.
私を失望させないでね。
와따시오 시쯔보-사세나이데네
私をがっかりさせるな。
와따시오 각까리사세루나

💬 명심해라.
肝に銘じなさい。
키모니 메-지나사이

💬 자존심은 버려요.
プライドは捨ててください。
푸라이도와 스떼떼 쿠다사이

💬 최선을 다해라.
最善を尽くしなさい。
사이젱오 츠꾸시나사이
最善の努力を尽くしなさい。
사이젠노 도료꾸오 츠꾸시나사이

💬 최선을 다해야 한다.
最善を尽くさねばならない。
사이젱오 츠꾸사네바나라나이

💬 창피한 줄 알아.
恥を知れ。
하지오 시레

💬 정신 차려라.
しっかりしろ。
식까리 시로

💬 진지해라.
真剣にしなさい。
싱껜니 시나사이
真剣にしろ。
싱껜니 시로

💬 농담은 그만하고, 좀 진지한 이야기를 하자.
冗談はやめて、少し真面目な話をしよう。
죠-당와 야메떼 스꼬시 마지메나 하나시오 시요-

💬 심각하게 받아들이지 마.

本気にするな。
홍끼니 스루나

💬 충동적으로 행동하지 마.

衝動的に行動するな。
쇼-도-떼끼니 코-도-스루나

単純な行動するな。
탄준나 코-도-스루나

💬 하고 싶은 말이 있으면 다 해.

話したいことがあれば話しなさい。
하나시따이 코또가 아레바 하나시나사이

言いたい事があれば言いなさい。
이-따이 코또가 아레바 이-나사이

💬 내숭 떨지 마.

猫かぶるな。
네꼬까부루나

ぶりっこするな。
부릭꼬스루나

💬 새로운 것을 시도하는 일에 주저하지 말아라.

新しい事をすることにためらわないでね。
아따라시이 코또오 스루코또니 타메라와나이데네

何でも勇気を持ってためしてみろ。
난데모 유-끼오 못떼 타메시떼 미로

💬 그렇게 혼나고도 또 시도하려는가?

そんなにひどい目にあって、またやるというのか。
손나니 히도이 메니 앗떼 마따 야루또이우노까

💬 문제에 맞서 봐.

問題をまっすぐ受けとめなさい。
몬다이오 맛스구 우께또메나사이

問題に正面からとりくめ。
몬다이니 쇼-멩까라 토리꾸메

💬 끈질기게 버티고 절대 물러서지 마라.

こんきよくがまんして絶対あきらめるな。
콩끼요꾸 가만시떼 젯따이 아끼라메루나

💬 계속 열심히 해라.

これから頑張りなさい。
코레까라 감바리나사이

これから一生懸命やりなさい。
코레까라 잇쇼-껨메- 야리나사이

💬 그것에 대해 너무 기대하지 마.

それに対してあまり期待するな。
소레니 타이시떼 아마리 키따이스루나

💬 얌전히 있어라.

おとなしくしろ。
오또나시꾸 시로

💬 마음에 준비하고 있어라.
心の準備をしなさい。
코꼬로노 쥰비오 시나사이

💬 한 번 알아보는 것이 좋을 거야.
一度調べた方がいいだろう。
이찌도 시라베따 호-가 이-다로

💬 내일 시험 때문에 잠 설치고 그러지 마라.
明日の試験のため早く寝なさい。
아시따노 시껜노 타메 하야꾸 네나사이
明日試験だから早く寝なさい。
아시따 시껜다까라 하야꾸 네나사이

💬 해 보기 전에 이러니저러니 하고 트집 잡지 마라.
やる前になんだかんだと言うな。
야루 마에니 난다깐다또 이우나
やる前になんだかんだとけちを付けるな。
야루 마에니 난다깐다또 케찌오 츠께루나

Unit 7 기타

부탁할 때

💬 부탁이 있는데요.
頼みがあるんだが。
타노미가 아룬다가

💬 당신 것을 좀 빌려 줄래요?
あなたの物をちょっとかしてくれますか。
아나따노 모노오 춋또 카시떼 쿠레마스까

💬 창문 좀 열어 주실래요?
窓をちょっと開けてくださいませんか。
마도오 춋또 아께떼 쿠다사이마셍까

💬 좀 태워다 줄래요?
ちょっと乗せてくれますか。
춋또 노세떼 쿠레마스까

💬 저와 함께 갈래요?
私と一緒に行きましょうか。
와따시또 잇쇼니 이끼마쇼-까

💬 미안하지만, 마실 것 좀 부탁해도 될까?
すみませんが、私の飲み物ちょっと頼んでもいいか。
스미마셍가 와따시노 노미모노 춋또 타논데모 이-까

긍정적 추측

💬 그럴 줄 알았어.

そうすると思った。
소- 스루또 오못따

そうだと思った。
소-다또 오못따

💬 당신 추측이 딱 맞았어요.

あなたの推測がぴったりと合いました。
아나따노 스이소꾸가 삣따리또 아이마시따

あなたの予想が当たりました。
아나따노 요소-가 아따리마시따

💬 제가 옳았다는 것이 판명되었어요.

私が正しかったことが判明しました。
와따시가 타다시깟따 코또가 함메-시마시따

私が正しかったことが明らかになりました。
와따시가 타다시깟따 코또가 아끼라까니 나리마시따

💬 결과가 우리 예상대로 되었어요.

結果が私たちの予想どおりになりました。
켁까가 와따시따찌노 요소-도-리니 나리마시따

💬 이것은 예상대로의 결과입니다.

これは予想どおりの結果です。
코레와 요소-도-리노 켁까데스

💬 제 예상이 적중했습니다.
私の予想が的中しました。
와따시노 요소-가 테끼쮸-시마시따

부정적 추측

💬 가능성이 적죠.
可能性が少ししかないです。
카노-세-가 스꼬시시까 나이데스
可能性が低いでしょう。
카노-세-가 히꾸이데쇼-

💬 그건 전혀 예상 밖의 일이었어요.
それは本当に意外でした。
소레와 혼또-니 이가이데시따

まったくまとはずれでした。
맛따꾸 마또하즈레데시따

💬 그건 예측하기 어려워요.
それは予測しにくいです。
소레와 요소꾸시니꾸이데스

💬 결과를 예측할 수 없었어요.
結果の予測がつかなかったです。
켁까노 요소꾸가 츠까나깟따데스

💬 추측할 길이 없어요.
推測する方法がないです。
스이소꾸스루 호―호―가 나이데스

💬 네 추측은 틀렸어.
あなたの推測ははずれた。
아나따노 스이소꾸와 하즈레따

💬 내 멋대로 추측했어요.
私がかってに推測しました。
와따시가 캇떼니 스이소꾸시마시따
私なりに推測しました。
와따시나리니 스이소꾸시마시따

💬 이것은 예상과 반대의 결과입니다.
これは予想と反対のけっかです。
코레와 요소―또 한따이노 켁까데스

💬 예상이 어긋났어요.
予想が狂いました。
요소―가 쿠루이마시따

💬 모든 예측이 빗나갔어요.
すべての予測がはずれました。
스베떼노 요소꾸가 하즈레마시따

Unit 8 전화

전화를 걸 때

💬 여보세요.

もしもし。/ ハロー。
모시모시 / 하로-

💬 하야시 씨 계십니까?

林さんいらっしゃいますか。
하야시상 이랏샤이마스까

💬 사토시 씨를 부탁합니다.

聡さんをお願いします。
사또시상오 오네가이시마스

💬 여보세요, 타카하시 씨 댁입니까?

もしもし、高橋さんのお宅ですか。
모시모시 타까하시산노 오따꾸데스까

💬 여보세요, 카미사카 씨입니까?

もしもし、そちらは神坂さんでしょうか。
모시모시 소찌라와 카미사까산데쇼-까

💬 노다라고 합니다만, 아키코 씨 계세요?

野田ともうしますが、明子さんいらっしゃいますか。
노다또 모-시마스가 아끼꼬상 이랏샤이마스까

💬 사토 씨 계세요? 좀 바꿔 주시겠어요?

佐藤^{さとう}さんいらっしゃいますか。ちょっと代^かわってもらえますか。

사토-상 이랏샤이마스까 춋또 카왓데 모라에마스까

💬 지금, 통화 괜찮으세요?

今^{いま}、お話^{はなし}できますか。

이마 오하나시데끼마스까

💬 지금, 통화 괜찮아?

今^{いま}、電話^{でんわ}いい？/ 今^{いま}、電話^{でんわ}大丈夫^{だいじょうぶ}？

이마 뎅와 이- / 이마 뎅와 다이죠-부

💬 밤 늦게 죄송합니다.

夜分^{やぶん}遅^{おそ}く(に)すみません。

야붕 오소꾸(니) 스미마셍

遅^{おそ}い時間^{じかん}に電話^{でんわ}して申^{もう}し訳^{わけ}ありません。

오소이 지깐니 뎅와시떼 모-시와께아리마셍

💬 아침 일찍 죄송합니다.

朝早^{あさはや}くにすみません。

아사 하야꾸니 스미마셍

💬 여보세요, 좀 여쭤보고 싶은 것이 있어서 전화 드렸습니다만.

もしもし、ちょっとお尋^{たず}ねしたいことがあってお電話^{でんわ}したんですけど。

모시모시 춋또 오따즈네시따이 코또가 앗떼 오뎅와시딴데스께도

전화를 걸 때 - 회사에서

💬 여보세요. 늘 신세를 지고 있습니다.

もしもし。いつも、お世話になっております。
모시모시 이쯔모 오세와니 낫떼 오리마스

💬 야마다 상사의 마츠모토라고 합니다만, 신이치 씨 계십니까?

山田商社の松本と申しますが、信一さん、いらっしゃいますか。
야마다쇼-샤노 마쯔모또또 모-시마스가 싱이찌상 이랏샤이마스까

💬 늘 신세를 지고 있습니다. 신이치 말입니까?

お世話になっております。信一でございますか。
오세와니 낫떼 오리마스 싱이찌데고자이마스까

💬 제 주문에 관해 요스케 씨와 통화하려고 합니다만.

私の注文について洋介さんとお話したいのですが。
와따시노 츄-몬니 츠이떼 요-스께산또 오하나시시따이노데스가

💬 인사부 아무나 바꿔 주시겠습니까?

人事部の誰かにつないでくださいませんか。
진지부노 다레까니 츠나이데 쿠다사이마셍까

72

전화를 받을 때

💬 누구신가요?

どなたですか。
도나따데스까

💬 무슨 일이세요?

何でございましょうか。
난데고자이마쇼-까

どうしましたか。
도-시마시따까

💬 무슨 일 때문이죠?

どういうことでございますか。
도-이우 코또데고자이마스까

💬 용건이 뭡니까?

ご用件は何ですか。
고요-껭와 난데스까

💬 무슨 용건이세요?

何のご用件ですか。
난노 고요-껜데스까

💬 어디십니까?

どちら様ですか。
도찌라사마데스까

💬 어느 분을 찾으십니까?

どういう方をお捜してますか。
도-이우 카따오 오사가시떼마스까

💬 접니다만.

私ですが。
와따시데스가

💬 네, 전화 바꿨습니다.

はい、お電話代わりました。
하이 오뎅와 카와리마시따

💬 여보세요, 전화 바꿨습니다. 카네다입니다.

もしもし、お電話代わりました。金田です。
모시모시 오뎅와 카와리마시따 카네다데스

💬 기다리게 해서 죄송합니다.

お待たせ致しました。
오마따세이따시마시따

💬 죄송하지만, 전화가 좀 먼데요, 좀 더 크게 말해 줄래요?

すみませんが、電話が遠いので、もうちょっと大きな声で話してもらえますか。
스미마셍가 뎅와가 토-이노데 모- 춋또 오-끼나 코에데 하나시떼 모라에마스까

💬 좀 더 크게 말해 주세요.

もうちょっと大きな声で言ってください。
모- 춋또 오-끼나 코에데 잇떼 쿠다사이

💬 좀 작게 말해 주세요.

もうちょっと声をおとしてください。
모- 춋또 코에오 오또시떼 쿠다사이

💬 여보세요, 들려요?

もしもし、聞こえてますか。
모시모시 키꼬에떼마스까

💬 좀 천천히 말씀해 주세요.

もう少しゆっくりおっしゃってください。
모- 스꼬시 육꾸리 옷샷떼 쿠다사이

💬 다시 한 번 말씀해 주세요.

もう一度おっしゃってください。
모- 이찌도 옷샷떼 쿠다사이

전화를 받을 때 – 회사에서

💬 감사합니다, 야마다 회사입니다.

ありがとうございます、山田でございます。
아리가또-고자이마스 야마다데고자이마스

💬 안녕하세요. 야마다 회사 영업부의 야마시타입니다.

もしもし。山田会社の営業部の山下です。
모시모시 야마다가이샤노 에-교-부노 야마시따데스

💬 닛산 센터로 전화 주셔서 감사합니다. 무엇을 도와드릴까요?

日産センターにお電話いただいてありがとうございます。どのようなご用件でしょうか。
닛산 센타-니 오뎅와 이따다이떼 아리가또- 고자이마스 도노요-나 고요-껜데쇼-까

💬 안녕하세요. 야마시타 씨의 전화입니다만.

もしもし。山下さんの電話ですが。
모시모시 야마시따산노 뎅와데스가

전화에서 쓰는 경어 ①

* 상대방을 바꿔 달라고 부탁할 때
野田さんをできますでしょうか。   노다 씨를 부탁해도 될까요?

* 나중에 다시 전화를 한다고 할 때
何時頃お戻りでしょうか。ではその頃に改めてお電話させていただきます。
몇 시 정도에 돌아오십니까? 그러면 그때쯤에 다시 전화하겠습니다.

전화를 바꿔 줄 때

💬 잠시만.
ちょっと待って(ね)。
춋또 맛떼(네)

💬 잠시만 기다리세요.
少々お待ちください。
쇼-쇼- 오마찌구다사이

💬 누구를 바꿔 드릴까요?
誰に代わりましょうか。
다레니 카와리마쇼-까

💬 연결해 드리겠습니다.
おつなぎ致します。
오쯔나기이따시마스

💬 네 전화야.
あなたの電話なの。
아나따노 뎅와나노

💬 담당자를 바꿔 드리겠습니다.
担当者に代わりますので。
탄또-샤니 카와리마스노데

💬 과장님, 전화 왔어요.
課長、お電話です。
카쬬- 오뎅와데스

💬 유코 씨를 곧 바꿔 드릴게요.

ただいま裕子さんと代わります。
타다이마 유-꼬산또 카와리마스

💬 잠시만 기다려 주세요. 전화를 마케팅부로 돌려 드리겠습니다.

少々お待ちください。電話をマーケティング部につなぎます。
쇼-쇼- 오마찌꾸다사이 뎅와오 마-케팅구부니 츠나기마스

💬 잠시 기다려 주세요. 지금 바꿀테니까요.

ちょっと待ってくださいね。今代わりますから。
촛또 맛떼 쿠다사이네 이마 카와리마스까라

💬 후쿠다 씨의 내선번호는 427번입니다.

福田さんの内線番号は427番[回]です。
후꾸다산노 나이센방고-와 용니나나반[까이]데스

전화에서 쓰는 경어 ②

* 전화를 부탁할 때
恐れ入りますが、戻られましたら、折り返すお電話をいただけますでしょうか。
죄송합니다만, 돌아오시면 전화 좀 부탁해도 될까요?

* 전화를 끊을 때
お忙しい中、ありがとうございました。失礼いたします。
바쁘실텐데, 감사드립니다. 실례하겠습니다.

다시 전화한다고 할 때

💬 내가 나중에 다시 전화할게요.

後でもう一度かけ直します。
아또데 모- 이찌도 카께나오시마스

🔵 다시 걸게요.

またかけます。
마따 카께마스

🔵 내가 나중에 전화할게.

私が後で電話する。
와따시가 아또데 뎅와스루

🔵 나중에 전화 드리겠습니다.

後でお電話を差し上げます。
아또데 오뎅와오 사시아게마스

🔵 제가 잠시 후에 다시 전화 드리겠습니다.

私がしばらく後にまた電話します。
와따시가 시바라꾸 아또니 마따 뎅와시마스

のちほど折り返しお電話さし上げます。
노찌호도 오리까에시 오뎅와사시아게마스

🔵 죄송하지만, 10분 후에 다시 전화해 주시겠습니까?

すみませんが、十分後におかけ直しいただけますか。
스미마셍가 쥽뿐고니 오까께나오시이따다께마스까

79

전화를 받을 수 없을 때

💬 통화 중입니다.
話 中です。
하나시쮸-데스

💬 그는 지금 없는데요.
彼は今いません。
카레와 이마 이마셍

💬 죄송합니다만, 그는 방금 나가셨습니다.
すみませんが、彼はただいま出ています。
스미마셍가 카레와 타다이마 데떼 이마스

💬 지금 자리를 비우시고 안 계십니다만.
ただいま、席をはずしておりますが。
타다이마 세끼오 하즈시떼 오리마스가

💬 지금 외출하셨습니다만.
ただいま、出かけておりますが。
타다이마 데까께떼 오리마스가

💬 지금 해외출장 중입니다.
今、海外出張中でございます。
이마 카이가이 슛쬬-쮸-데고자이마스

💬 지금, 휴가 중입니다.
今、休暇中です。
이마 큐-까쮸-데스

💬 점심 식사 나가셨습니다.
昼食に出ています。
츄-쇼꾸니 데떼 이마스

💬 이미 퇴근하셨습니다.
すでに退勤いたしました。
스데니 타이낑이따시마시따

💬 다른 전화를 받고 있습니다.
他の電話をとっております。
호까노 뎅와오 돗떼 오리마스

💬 지금 통화 중입니다만.
ただいま電話中ですが。
타다이마 뎅와쮸-데스가

💬 죄송하지만, 좀 있다 다시 전화 주시겠습니까?
申し訳ありませんが、少ししてから、おかけ直しいただけますか。
모-시와께아리마셍가 스꼬시시떼까라 오까께나오시이따다께마스까

💬 오래 통화할 수 없어요.
長電話はできません。
나가뎅와와 데끼마셍

💬 전화 오면 나 없다고 해 줘요.
電話が来たら私はいないと言ってください。
뎅와가 키따라 와따시와 이나이또 잇떼 구다사이

통화 상태가 안 좋을 때

💬 전화가 계속 끊기네요.
電話がよく切れますね。
뎅와가 요꾸 키레마스네

💬 전화가 끊기는 것 같은데요.
電話が切れてしまいますね。
뎅와가 키레떼 시마이마스네

💬 잘 안 들려요.
よく聞こえないです。
요꾸 키꼬에나이데스

💬 전화가 감이 멀어 잘 들리지 않습니다.
電話が遠くて聞こえません。
뎅와가 토-꾸떼 키꼬에마셍

💬 이야기 중에 전화가 끊어졌습니다.
話中に電話が切れました。
하나시쮸-니 뎅와가 키레마시따

💬 전화가 혼선된 것 같습니다.
電話が混線しているようです。
뎅와가 콘센시떼 이루요-데스

💬 전화가 불통이 되었습니다.
電話が不通になりました。
뎅와가 후쯔-니 나리마시따

전화 메시지 관련

💬 타카하시가 전화했었다고 전해 주세요.
高橋が電話したと伝えてください。
타까하시가 뎅와시따또 츠따에떼 쿠다사이

💬 전화하라고 전해 주세요.
電話して欲しいと伝えてください。
뎅와시떼 호시-또 츠따에떼 쿠다사이

💬 1234-5678로 전화하라고 전해 주세요.
1234-5678に電話して欲しいと伝えてください。
이찌니상용-노 고로꾸나나하찌니 뎅와시떼 호시-또 츠따에떼 쿠다사이

💬 그냥 제가 전화했다고 그에게 전해 주세요.
私から電話があったと、彼に伝えてください。
와따시까라 뎅와가 앗따또 카레니 츠따에떼 쿠다사이

💬 당신을 찾는 전화가 걸려 왔습니다.
あなたに電話がかかってきました。
아나타니 뎅와가 카깟떼 키마시따

💬 사오리는 약속 당일이 되어서야 못 오겠다고 전화했다.
さおりは約束の当日になって来られないと電話をしてきた。
사오리와 약소꾸노 토-지쯔니 낫떼 코라레나이또 뎅와오 시떼 키따

잘못 걸려온 전화

💬 잘못 거셨어요.

おかけ間違いですよ。
오까께마찌가이데스요

💬 그런 분 안 계십니다.

そのような者はこちらにはおりません。
소노요-나 모노와 코찌라니와 오리마셍

💬 몇 번에 거셨어요?

どちらにおかけになりましたか。
도찌라니 오까께니 나리마시따까

💬 잘못 거신 것이 아니세요?

お間違えではないでしょうか。
오마찌가에데와 나이데쇼-까

💬 전화번호를 다시 한 번 확인해 보세요.

電話番号をもう一度チェックしてみてください。
뎅와방고-오 모- 이찌도 첵쿠시떼 미떼 쿠다사이

💬 제가 전화를 잘못 걸었습니다.

かけ間違えてしまいました。
카께마찌가에떼 시마이마시따

전화를 끊을 때

💬 곧 다시 통화하자.
また話そう。
마따 하나소-

💬 전화해 줘서 고마워요.
電話してくれてありがとう。
뎅와시떼 쿠레떼 아리가또

💬 연락하는 것 잊지 마.
連絡すること忘れないで。
렌라꾸스루 코또 와스레나이데

💬 언제든 내게 연락해.
いつでも私に連絡して。
이쯔데모 와따시니 렌라꾸시떼

💬 내일 저녁에 전화할게요.
明日の夕方に電話します。
아시따노 유-가따니 뎅와시마스

💬 도착하면 꼭 전화하라고 몇 번씩 당부했다.
到着したら必ず電話するように何度も念を押した。
토-짜꾸시따라 카나라즈 뎅와스루요-니 난도모 넹오 오시따

전화 관련 기타

💬 전화 좀 받아 주세요.
電話にちょっと出てください。
뎅와니 춋또 데떼 쿠다사이

💬 전화는 제가 받을게요.
私が電話に出ます。
와따시가 뎅와니 데마스

💬 전화를 안 받는데요.
電話に出ませんが。
뎅와니 데마셍가

💬 공중전화는 어디 있어요?
公衆電話はどこにありますか。
코-슈-뎅와 도꼬니 아리마스까

💬 전화번호부 있어요?
電話帳ありますか。
뎅와쬬- 아리마스까

💬 저는 전화번호가 생각나지 않아, 고개를 기우뚱거리고 있었어요.
私は電話番号が思い出せなくて、首をかしげていました。
와따시와 뎅와방고-가 오모이다세나꾸떼 쿠비오 카시게떼 이마시따

💬 지금 거신 번호는 현재 사용되고 있지 않습니다.
今お掛けになった番号は現在使われておりません。
이마 오까께니 낫따 방고-와 겐자이 츠까와레떼 오리마셍

💬 전화를 막 하려던 참이에요.
電話をしようと思ったところです。
뎅와오 시요-또 오못따 토꼬로데스

💬 외출하려는데 전화 벨이 울렸습니다.
出掛けようとしたら電話のベルがなりました。
데까께요-또 시따라 뎅와노 베루가 나리마시따

💬 그한테서 뻔질나게 전화가 걸려옵니다.
彼からひっきりなしに電話がかかって来ます。
카레까라 힉끼리나시니 뎅와가 카깟떼 키마스

💬 장난전화로 잠이 깼습니다.
いたずら電話で起こされました。
이따즈라뎅와데 오꼬사레마시따

💬 그에게 전화를 했지만 통화 중이었습니다.
彼に電話をかけたが話中でした。
카레니 뎅와오 카께따가 하나시쥬-데시따

💬 전화번호가 틀립니다.
電話番号を間違えています。
뎅와방고-오 마찌가에떼 이마스

Chapter 02

무슨 말을 꺼낼까?

Unit 1 하루 일상
Unit 2 집
Unit 3 운전&교통
Unit 4 이사

Unit 1 하루 일상

일어나기

💬 빨리 일어나세요.
早く起きなさい。
하야꾸 오끼나사이

💬 이제 일어날 시간이야!
もう起きる時間よ！
모- 오끼루 지깡요

💬 일어났어?
起きたの？
오끼따노

💬 조금만 더 자게 해 주세요.
もうちょっと寝かせてください。
모- 춋또 네까세떼 쿠다사이

💬 깨어났니?
目は覚めてる？
메와 사메떼루

起きてるの？
오끼떼루노

💬 아직 안 일어나?
まだ起きないの？
마다 오키나이노

💬 이제 슬슬 일어나야지.

もうそろそろ起きなきゃいけない。
모- 소로소로 오끼나꺄 이께나이

💬 막 일어났어요.

ちょうど今起きました。
쵸-도 이마 오끼마시따

たったいま起きました。
탓따이마 오끼마시따

💬 일어나, 늦겠어.

起きなさい、遅れるよ。
오끼나사이 오쿠레루요

💬 이런, 늦잠을 잤어.

おや、寝坊した。
오야 네보-시따

💬 너무 자 버렸어.

寝てしまった。
네떼 시맛따

寝過ごしちゃった。
네스고시쨧따

💬 왜 안 깨웠어요?

どうして起きなかったんですか。
도-시떼 오끼나깟딴데스까

どうして起こしてくれないの？
도-시떼 오꼬시떼 쿠레나이노

기상하기

💬 내일 아침에는 일찍 깨워 주세요.
明日の朝、早く起こしてください。
아시따노 아사 하야꾸 오꼬시떼 쿠다사이

💬 전 아침 일찍 눈을 떠요.
私は朝早く目を覚まします。
와따시와 아사 하야꾸 메오 사마시마스

💬 난 아침형 인간이야.
私は朝型人間だ。
와따시와 아사가따 닝겐다

💬 난 보통 아침 6시에 일어납니다.
私は普通朝6時に起きます。
와따시와 후쯔- 아사 로꾸지니 오끼마스

💬 평소보다 일찍 일어났어.
いつもより早起きした。
이쯔모요리 하야오끼시따

💬 가끔 아침에 일어난 것이 힘들어요.
たまに朝起きるのが大変です。
타마니 아사 오끼루노가 타이헨데스

🔵 선 모닝콜이 필요해요.

私はモーニングコールがかかせません。
와따시와 모―닝구코―루가 카까세마셍

💬 난 알람 소리에 잠이 깹니다.

私はアラームの音で目を覚まします。
와따시와 아라―무노 오또데 메오 사마시마스

💬 자명종 시계를 맞춰 놓았지만 일어나지 못했어요.

目覚まし時計をかけたけど、起きられなかったです。
메자마시도께―오 카께따께도 오끼라레나깟따데스

💬 자명종 시계 소리를 전혀 듣지 못했어요.

目覚まし時計の音が全く聞こえなかったです。
메자마시도께―노 오또가 맛따꾸 키꼬에나깟따데스

💬 자명종 시계 맞추는 것을 잊었어요.

目覚まし時計をかける事を忘れていました。
메자마시도께―오 카께루 코또오 와스레떼 이마시따

目覚まし時計をセットするのを忘れていました。
메자마시도께―오 셋토스루노오 와스레떼 이마시따

세면

💬 손을 씻어야지.
手を洗ってください。
테오 아랏떼 쿠다사이

💬 얼굴을 잘 씻어라.
ちゃんと顔を洗いなさい。
찬또 카오오 아라이나사이

💬 세수하면 잠이 깰 거야.
顔を洗ったら、目が覚めるよ。
카오오 아랏따라 메가 사메루요

💬 잠을 깨려면 세수를 해야겠어.
目を覚ますために顔を洗おう。
메오 사마스타메니 카오오 아라오-

💬 벌써 세수했어?
もう顔を洗ったの？
모- 카오오 아랏따노

💬 찬물로 세수했어요.
冷たい水で顔を洗いました。
츠메따이 미즈데 카오오 아라이마시따

💬 얼굴 닦는 수건을 집어 줄래?
顔をふくタオルを取ってくれない？
카오오 후꾸 타오루오 톳떼 쿠레나이

💬 세수를 했더니 산뜻해.
顔を洗ったら、さっぱりしたよ。
카오오 아랏따라 삽빠리시따요

💬 추우니까 따뜻한 물로 세수하고 싶어.
寒いからお湯で顔を洗いたい。
사무이까라 오유데 카오오 아라이따이

💬 비눗물이 눈에 들어가버렸어.
石けんが目に入っちゃった。
섹껭가 메니 하잇쨧따

💬 여드름 예방 세안제를 쓰고 있어요.
にきび予防の洗顔料を使っています。
니끼비 요보-노 셍간료-오 츠깟떼 이마스

💬 하루에 세 번 이를 닦자.
一日に三回は歯を磨こう。
이찌니찌니 상까이와 하오 미가꼬-

💬 식후에 이를 닦아.
食後に歯磨きをする。
쇼꾸고니 하미가끼오 스루

💬 새 칫솔을 쓸게.
新しい歯ブラシを使おう。
아따라시- 하부라시오 츠까오-

샤워

💬 저는 매일 아침에 머리를 감아요.

私は毎朝シャンプーしています。
와따시와 마이아사 샴푸-시떼 이마스

💬 아침에는 머리 감을 시간이 없어서 주로 저녁에 감아요.

朝シャンする時間がないから主に夕方に洗います。
아사샹스루 지깡가 나이까라 오모니 유-가따니 아라이마스

💬 난 매일 샤워를 해요.

私は毎日シャワーをします。
와따시와 마이니찌 샤와-오 시마스

💬 그는 서둘러 샤워를 하고 있었다.

彼は急いでシャワーを浴びていた。
카레와 이소이데 샤와-오 아비떼 이따

💬 너무 더워서 샤워를 했습니다.

あまりにもあついのでシャワーを浴びました。
아마리니모 아쯔이노데 샤와-오 아비마시따

💬 넌 샤워하는 데 시간이 너무 걸려.

あなたはシャワーの時間が長すぎだ。
아나따와 샤와-노 지깡가 나가스기다

목욕

💬 욕실을 좀 써도 될까요?
浴室をちょっと借りてもいいですか。
요꾸시쯔오 춋또 카리떼모 이-데스까

💬 목욕하고 있어.
お風呂に入ってるよ。
오후로니 하잇떼루요

💬 벌써 목욕했니?
もうお風呂はすんだの？
모- 오후로와 슨다노

💬 목욕 먼저 하세요.
お風呂、お先にどうぞ。
오후로 오사끼니 도-조

💬 빨리 목욕해라.
早くお風呂に入りなさい。
하야꾸 오후로니 하이리나사이

💬 너무 오래 목욕했어.
長風呂した。
나가부로시따

💬 목욕물 온도가 알맞았어.
いい湯加減だった。
이- 유-까겐닷따

💬 목욕물이 좀 식었어.
お湯が少し冷めていた。
오유가 스꼬시 사메떼 이따

💬 미지근한 물이 좋아.
ぬるめのお湯がいい。
누루메노 오유가 이-

💬 목욕물을 데워 주세요.
風呂をたいてください。
후로오 타이떼 쿠다사이

💬 공중목욕탕에 가 본 적 있어요?
風呂屋に行ったことがありますか。
후로야니 잇따 코또가 아리마스까

💬 냉수로 목욕하는 것은 건강에 좋다.
冷水浴をすることは健康にいい。
레-스이요꾸오 스루 코또와 켕꼬-니 이-

💬 목욕을 먼저 하라고 서로 사양하는 사이에 목욕물은 식어 버린다.
ゆの辞儀は水になる。
유노 지기와 미즈니 나루

식사 – 일반

💬 편식하면 안 돼.
偏食してはいけない。
헨쇼꾸시데와 이께나이

💬 남기지 말고 다 먹어.
残さずにすべて食べて。
노꼬사즈니 스베떼 타베떼

💬 밥 더 줄까?
おかわりする？
오까와리스루

💬 다 먹었어?
食べ終わった？
타베오왓따

💬 식사라도 합시다.
食事でもしましょう。
쇼꾸지데모 시마쇼-

💬 난 말이야, 밥보다 술이 더 좋은데.
僕はさあ、飯より酒の方がいい。
보꾸와 사- 메시요리 사께노 호-가 이-

💬 식사를 간단히 마쳤다.
食事を簡単にしました。
쇼꾸지오 칸딴니 시마시따

아침 식사

💬 아침 식사 다 됐어요!
朝飯の用意[支度]できました！
아사메시노 요-이[시따꾸] 데끼마시따

💬 아침 식사는 토스트와 커피로 정해 놓고 있습니다.
朝飯はトーストとコーヒーにきめています。
아사메시와 토-스토또 코-히-니 키메떼 이마스

💬 어머니는 아침 식사를 차리고 있습니다.
母は朝飯の仕度をしています。
하하와 아사메시노 시따꾸오 시데 이마스

💬 난 절대로 아침을 거르지 않아.
私は絶対に朝食を欠かさないの。
와따시와 젯따이니 쵸-쇼꾸오 카까사나이노

💬 오늘은 아침을 먹을 기분이 아니야.
今日は朝食を食べる気分じゃない。
쿄-와 쵸-쇼꾸오 타베루 키분쟈나이

💬 직접 밥을 떠 담으세요.
自分でご飯をもってください。
지분데 고항오 못떼 쿠다사이

💬 그는 손수 밥을 담아서 먹습니다.
彼は自分でご飯を入れて食べます。
카레와 지분데 고항오 이레떼 타베마스

점심 식사

💬 점심 먹으래.
昼ご飯にしなさいって。
히루고한니 시나사잇떼

💬 지금, 점심 식사 준비를 하고 있어요.
今、昼食のしたくをしてます。
이마 츄-쇼꾸노 시따꾸오 시떼마스

💬 점심을 먹지 않아 뱃속에서 쪼르륵 소리가 나요.
昼食を食べなかったのでおなかがぐうぐういいます。
츄-쇼꾸오 타베나깟따노데 오나까가 구-구- 이-마스

💬 점심 값은 각자 부담하죠.
昼食代を割り勘にしましょう。
츄-쇼꾸다이오 와리깐니 시마쇼-

💬 삼삼오오 앉아 점심을 먹었습니다.
仲間同じして座って昼食をとりました。
나까마오나지시떼 스왓떼 츄-쇼꾸오 토리마시따

💬 점심을 준비해 놓고 기다리고 있었는데.
昼食を用意して待っているのに。
츄-쇼꾸오 요-이시떼 맛떼 이루노니

저녁 식사&기타

💬 평소보다 가벼운 저녁을 먹읍시다.

いつもよりかるめの夕食をとりましょう。
이쯔모요리 카루메노 유-쇼꾸오 토리마쇼-

💬 오늘 저녁 반찬은 뭐야?

今日夕食のおかずは何？
쿄- 유-쇼꾸노 오까즈와 나니

💬 아내가 저녁 밥상을 차리고 있다.

妻が夕食を作っている。
츠마가 유-쇼꾸오 츠꿋데 이루

💬 우리는 저녁 식사에 초대받았다.

私たちは夕食によばれました。
와따시따찌와 유-쇼꾸니 요바레마시따

💬 간식을 주세요.

おやつをちょうだい。
오야쯔오 쵸-다이

💬 식후의 디저트는 뭐가 좋을까요?

食後のデザートは何がいいですか。
쇼꾸고노 데자-토와 나니가 이-데스까

옷 입기

💬 오늘은 뭘 입지?

今日は何を着る？
쿄-와 나니오 키루

💬 어떤 넥타이를 매지?

どんなネクタイをする？
돈나 네쿠타이오 스루

💬 그건 양복에 어울리지 않는 넥타이예요.

それは服に合わないネクタイです。
소레와 후꾸니 아와나이 네쿠타이데스

💬 오늘은 머리부터 발끝까지 까만 옷으로 입었어.

今日は頭から足先まで黒い服を着た。
쿄-와 아따마까라 아시사끼마데 쿠로이 후꾸오 키따

💬 넌 아침에 거울 앞에서 보내는 시간이 너무 길어.

お前は朝、鏡の前で過ごす時間が長すぎだ。
오마에와 아사 카가미노 마에데 스고스 지깡가 나가스기다

💬 그는 항상 똑같은 옷을 입고 있다.

彼はいつも同じ服を着ている。
카레와 이쯔모 오나지 후꾸오 키떼 이루

102

💬 넌 밝은 색의 옷이 어울려.
お前は明るい色の服が似合うね。
오마에와 아까루이 이로노 후꾸가 니아우네

💬 이 옷은 맵시 있게 입기 힘들다.
この服は着こなしが難しい。
코노 후꾸와 키꼬나시가 무즈까시-

💬 아이에게 옷 입히는 것 좀 도와주세요.
子供が服を着がえるのをちょっと手伝ってください。
코도모가 후꾸오 키가에루노오 춋또 테쯔닷떼 쿠다사이

💬 이것은 몸에 딱 맞는 옷이야.
これはぴったり体に合う服だ。
코레와 핏따리 카라다니 아우 후꾸다

💬 그 원피스는 꼭 끼는 옷이에요.
そのワンピースは窮屈です。
소노 왐피-스와 큐-꾸쯔데스

💬 이 옷으로는 아무래도 체통이 안 섭니다.
この服ではどうも具合が悪いです。
코노 후꾸데와 도-모 구아이가 와루이데스

TV 시청

💬 오늘 밤 TV에서 뭐 하지?

今晩テレビで何をやる？

콤방 테레비데 나니오 야루

💬 NHK 채널에서 뭐 하지?

NHKチャンネルでは何やってる？

에누엣치케- 챤네루데와 나니 얏떼루

💬 뭐 좋은 프로그램 있어요?

何かいい番組ありますか。

낭까 이- 방구미 아리마스까

💬 이것은 장수 프로그램입니다.

これは長寿番組です。

코레와 쵸-쥬 방구미데스

💬 지금, 인기 드라마 할 시간이다.

ちょうど今、人気ドラマの時間だ。

쵸-도 이마 닝끼 도라마노 지깐다

💬 채널 좀 바꾸자.

チャンネルちょっと変えよう。

챤네루 춋또 카에요-

💬 채널 돌리지 마.

チャンネル変えすぎだよ。
챤네루 카에스기다요

チャンネル変えるのやめなさい。
챤네루 카에루노 야메나사이

💬 리모컨 좀 갖다 줄래요?

リモコンちょっと持って来てくれますか。
리모콩 춋또 못떼 키떼 쿠레마스까

💬 TV 소리를 줄여 주세요.

テレビの音を小さくしてください。
테레비노 오또오 치-사꾸시떼 쿠다사이

💬 TV 소리를 크게 해 주세요.

テレビの音を大きくしてください。
테레비노 오또오 오-끼꾸시떼 쿠다사이

💬 이제 TV를 꺼라.

もうテレビを消しなさい。
모- 테레비오 케시나사이

💬 저녁을 먹으면서 TV를 보고 있습니다.

夕飯を食べながらテレビを見ています。
유-항오 타베나가라 테레비오 미떼 이마스

잠사리 들기

💬 자, 잠 잘 시간이야.
もう、寝る時間だ。
모- 네루 지깐다

💬 난 이제 잘게요.
私はこれから寝ます。
와따시와 코레까라 네마스

💬 잠자리를 준비할까요?
布団を敷きましょうか。
후똥오 시끼마쇼-까

💬 애를 좀 재워 줄래요?
子供をちょっと寝かしつけてくれますか。
코도모오 춋또 네까시쯔께떼 쿠레마스까

💬 아직 안 자니? 곧 자정이야.
まだ寝てないの？もう零時だよ。
마다 네떼 나이노 모- 레-지다요

💬 불 꺼 줄래요?
電気を消してくれますか。
뎅끼오 케시떼 쿠레마스까

💬 어제는 일찍 잤어요.
昨日は早く寝ました。
키노-와 하야꾸 네마시따

💬 잠이 잘 안 와.
寝付きが悪い。
네쯔끼가 와루이

💬 잠이 잘 와.
寝付きがよい。
네쯔끼가 요이

💬 일찍 자거라.
早く寝なさい。
하야꾸 네나사이

💬 아직 안 졸려.
まだ寝たくない。
마다 네따꾸나이

💬 그는 슬슬 잠이 들어버렸다.
彼はゆっくり眠ってしまった。
카레와 육꾸리 네못떼 시맛따

💬 어제는 피곤해서 초저녁부터 잠들었어.
昨日は疲れて宵の口から眠り込んだ。
키노-와 츠까레떼 요이노 쿠찌까라 네무리꼰다

💬 그때 낮잠을 자고 있었어요.
その時昼寝をしていました。
소노 토끼 히루네오 시떼 이마시따

💬 단잠을 자고 있었는데.
ぐっすり眠っていたのに。
굿스리 네뭇떼 이타노니
熟睡してたのに。
죽스이시떼따노니

💬 그는 항상 이불을 뒤집어쓰고 잔다.
彼はいつも布団をかぶって寝る。
카레와 이쯔모 후똥오 카붓떼 네루

💬 대자로 뻗어 자고 있습니다.
大の字になって寝ています。
다이노 지니 낫떼 네떼 이마스

💬 아기가 엎드려 자고 있어요.
赤ちゃんがうつぶせになって寝ています。
아까짱가 우쯔부세니 낫떼 네떼 이마스

💬 엄마는 팔베개를 하고 주무시고 있습니다.
母はひじ枕で寝ています。
하하와 히지마꾸라데 네떼 이마스

잠버릇

💬 남편은 잠버릇이 나빠요.
夫は寝癖が悪いです。
옷또와 네구세가 와루이데스

💬 그는 밤새도록 코를 골아요.
彼は夜通しいびきをかきます。
카레와 요도-시 이비끼오 카끼마스

💬 너 간밤에 코를 엄청 골았다고.
お前、夕べひどくいびきをかいていたよ。
오마에 유-베 히도꾸 이비끼오 카이떼 이따요

💬 그는 잠들자마자 코를 골기 시작했다.
彼は寝るやいなやいびきをかき始めた。
카레와 네루야이나야 이비끼오 카끼하지메따

💬 이노우에 씨는 잠꼬대 하는 버릇이 있어요.
井上さんは寝言を言う癖があります。
이노우에상와 네고또오 이우 쿠세가 아리마스

💬 그녀는 잘 때 이를 갈아요.
彼女は寝る時歯ぎしりをします。
카노죠와 네루 토끼 하기시리오 시마스

💬 아내는 자다가 자꾸 뒤척거려요.
妻は寝ながらしきりに寝がえりを打ちます。
츠마와 네나가라 시끼리니 네가에리오 우찌마스

💬 저는 자면서 몸부림이 심해요.
私は眠りながら寝がえりをひどく打ちます。
와따시와 네무리나가라 네가에리오 히도꾸 우찌마스
私は眠りながらよく寝返りを打ちます。
와따시와 네무리나가라 요꾸 네가에리오 우찌마스

💬 가위 눌렸어.
夢でうなされていたよ。
유메데 우나사레떼 이따요

💬 식은땀을 흘렸어.
寝汗をかいちゃった。
네아세오 카이쨧따

💬 난 반듯이 누워서 자.
私はあおむけで寝る。
와따시와 아오무께데 네루

💬 베개가 바뀌면 잠을 못 자는 체질이야.
枕が変わると、眠れない。
마꾸라가 카와루또 네무레나이

110

숙면

💬 아직 졸려.
まだ眠い。
마다 네무이

💬 나 때문에 깬 거야?
私のせいで起きたの？
와따시노 세-데 오끼따노

💬 어제 밤을 새웠어.
夕べ夜ふかししました。
유-베 요후까시시마시따

💬 어젯밤 몇 시에 잤니?
夕べ、何時に寝たの？
유-베 난지니 네따노

💬 잔 것 같지 않아.
寝た気がしない。
네따 키가 시나이

💬 잘 자지 못했어.
あまり眠れなかった。
아마리 네무레나깟따

💬 수면 부족이야.
睡眠不足だ。
스이민부소꾸다

🔵 시난밤에는 잘 잤어요.
夕べはよく寝ました。
유-베와 요꾸 네마시따

💬 난 잠을 잘 못 자요.
私はよく眠れません。
와따시와 요꾸 네무레마셍

💬 요즘 잠을 잘 못 자요.
最近あまり眠れないです。
사이낑 아마리 네무레나이데스

💬 그가 코를 고는 바람에 잠을 잘 수 없었어요.
彼がいびきをかくせいで眠れませんでした。
카레가 이비끼오 카꾸세-데 네무레마센데시따

💬 피로를 푸는 가장 좋은 방법은 숙면이죠.
疲れを解す一番いい方法は熟睡することですね。
츠까레오 호구스 이찌방 이- 호-호-와 죽스이스루 코또데스네

💬 숙면한 덕에 피로가 풀렸습니다.
ぐっすり眠ったおかげで疲れがとれました。
굿스리 네뭇따 오까게데 츠까레가 토레마시따

꿈

💬 잘 자, 좋은 꿈 꿔!
おやすみ、いい夢を見てね！
오야스미 이- 유메오 미떼네

💬 난 가끔 그의 꿈을 꿔.
私はたまに彼の夢を見る。
와따시와 타마니 카레노 유메오 미루

💬 어제 이상한 꿈을 꿨어.
昨日おかしい夢を見た。
키노- 오까시- 유메오 미따

💬 악몽을 꿨어요.
悪夢を見ました。
아꾸무오 미마시따

💬 그는 가끔 악몽에 시달립니다.
彼は時々悪夢にうなされます。
카레와 토끼도끼 아꾸무니 우나사레마스

💬 당신의 꿈은 흑백인가요, 컬러인가요?
あなたの夢は白黒ですか、カラーですか。
아나따노 유메와 시로꾸로데스까 카라-데스까

Unit 2 십

화장실 사용

💬 화장실이 어디죠?

トイレはどこですか。
토이레와 도꼬데스까

💬 화장실 좀 다녀올게.

トイレちょっと行って来る。
토이레 촛또 잇떼 쿠루

💬 난 화장실에 자주 가.

私はトイレが近い。
와따시와 토이레가 치까이

💬 화장실에 잠시 들렀어요.

トイレにちょっと立ち寄りました。
토이레니 촛또 타찌요리마시따

💬 화장실에 누가 있어.

トイレに誰かいるよ。
토이레니 다레까 이루요

💬 화장실은 자주 청소합니까?

トイレはよく掃除しますか。
토이레와 요꾸 소-지시마스까

화장실 문제

💬 수도꼭지가 안 잠겨요.
蛇口が締まりません。
쟈구찌가 시마리마셍

💬 화장실 물이 안 빠져.
トイレの水が流れないよ。
토이레노 미즈가 나가레나이요

💬 화장실 물이 안 멈춰.
トイレの水が止まらない。
토이레노 미즈가 토마라나이

💬 변기가 막혔어요.
便器が詰まりました。
벵끼가 츠마리마시따

💬 화장실 배수관이 막혔어요.
トイレの配水管が詰まりました。
토이레노 하이스이깡가 츠마리마시따

💬 화장지가 떨어진 것 같아.
トイレの紙がなくなったそうだ。
토이레노 카미가 나꾸낫따 소-다

💬 화장실 전등이 나갔어.
トイレの電球が切れた。
토이레노 뎅뀨-가 키레따

💬 아침에는 화장실이 붐벼.
朝はトイレが込み合う。
아사와 토이레가 코미아우

화장실 에티켓

💬 물 내리는 것을 잊지 마.
便器の水を流すことを忘れるな。
벵끼노 미즈오 나가스 코또오 와스레루나

💬 사용한 휴지는 휴지통에 넣어 주세요.
使った紙はごみ箱に入れてください。
츠깟따 카미와 고미바꼬니 이레떼 쿠다사이

💬 휴지는 휴지통에.
ごみはごみ箱に。
고미와 고미바꼬니

💬 이물질을 변기에 버리지 마시오.
ごみを便器に捨てないでください。
고미오 벵끼니 스떼나이데 쿠다사이

💬 화장지를 아껴 씁시다.

トイレットペーパーを節約して使いましょう。
토이렛토페-파-오 세쯔야꾸시떼 츠까이마쇼-

💬 화장실에 담배꽁초를 버리지 마시오.

トイレに吸殻を捨てないでください。
토이레니 스이가라오 스떼나이데 쿠다사이

소변&대변

💬 그는 화장실에서 소변을 봤습니다.

彼はトイレで小便をしました。
카레와 토이레데 쇼-벵오 시마시따

💬 소변 보러 다녀와야겠어요.

トイレに行かなければならない。
토이레니 이까나께레바 나라나이

💬 소변 금지!

小便禁止！
쇼-벵낀시

💬 화장실에서 대변을 보았다.

トイレで大便をしました。
토이레데 다이벵오 시마시따

トイレで排便しました。
토이레데 하이벤시마시따

💬 대변이 마려워요.
便意を催します。
벵이오 모요오시마스

💬 그는 대변 보러 화장실에 갔다.
彼は大便しにトイレへ行った。
카레와 다이벤시니 토이레에 잇따

💬 사흘 동안 변을 보지 못했어요.
三日間お通じがなかったです。
믹까깡 오쯔-쟈가 나깟따데스

거실

💬 거실이 좀 더 넓으면 좋겠어요.

リビング[居間]がもうちょっと広ければいいです。

리빙구[이마]가 모- 춋또 이로께레바 이-데스

💬 거실에는 TV가 있어요.

リビングにはテレビがあります。

리빙구니와 테레비가 아리마스

💬 거실에 소파 베드가 있습니다.

リビングにソファーベッドがあります。

리빙구니 소화-벳도가 아리마스

💬 우리 집 거실은 너무 복잡해.

家のリビングは物が多すぎだ。

이에노 리빙구와 모노가 오-스기다

💬 다시 꾸며야겠어요.

模様変えしなければならない。

모요-가에시나께레바 나라나이

💬 소파에 편하게 앉아 있습니다.

ソファーにゆったり座っています。

소화-니 육꾸리 스왓떼 이마스

💬 집에 홈시어터를 설치해서 영화를 볼 거예요.

家にホームシアターを設置して映画を見るつもりです。
이에니 호-무시아타-오 셋찌시떼 에-가오 미루 츠모리데스

💬 최근 거실에 홈시어터를 설치했어요.

最近リビングにホームシアターを設置しました。
사이낑 리빙구니 호-무시아타-오 셋찌시마시따

💬 소니 사의 홈시어터를 가지고 있어요.

ソニーのホームシアターがあります。
소니-노 호-무시아타-가 아리마스

💬 거실의 그림을 바꿔 걸었습니다.

リビングの絵をかけかえました。
리빙구노 에오 카께까에마시따

💬 부엌 일을 끝내고 겨우 거실에 앉았어요.

台所のかたづけ物を済ませてやっとリビングで座りました。
다이도꼬로노 카따즈께모노오 스마세떼 얏또 리빙구데 스와리마시따

💬 방 두 개에 거실과 식당 겸용 주방이 딸린 구조입니다.

2LDKです。
니에루디-케-데스

부엌용품

💬 이 아파트의 부엌은 모든 설비가 갖춰져 있어요.

このアパートの台所はすべての設備が揃っています。

코노 아파-토노 다이도꼬로와 스베떼노 세쯔비가 소롯떼 이마스

💬 냄비는 찬장에 가지런히 놓여 있어요.

鍋は戸棚にきちんと置かれています。

나베와 토다나니 키찐또 오까레떼 이마스

💬 프라이팬은 크기별로 정리되어 있어요.

フライパンはサイズ[大きさ]どおり整理されています。

후라이팡와 사이즈[오-끼사]도-리 세-리사레떼 이마스

💬 이 그릇은 조심해서 다뤄야 해요.

この器は気をつけて扱わなければなりません。

코노 우쯔와와 키오 츠께떼 아쯔까나께레바 나리마셍

💬 프라이팬은 오래 쓸수록 길들여져서 쓰기에 좋아요.

フライパンは長く使うほどよくなじみます。

후라이팡와 나가꾸 츠까우호도 요꾸 나지미마스

냉상고

💬 남은 음식은 냉장고에 넣어둘게요.

残った食べ物は冷蔵庫に入れて置きます。
노꼿따 타베모노와 레-조-꼬니 이레떼 오끼마스

💬 냉장고가 열려 있잖니, 문 좀 닫아 줄래?

冷蔵庫が開いてるじゃないの、ドアちょっと閉めてくれる?
레-조-꼬가 히라이떼루쟈나이노 도아 쵯또 시메떼 쿠레루

💬 우리 집 냉장고는 인스턴트 식품으로 가득 차 있어요.

私の家の冷蔵庫はインスタント食料品でいっぱいです。
와따시노 이에노 레-조-꼬와 인스탄토 쇼꾸료-힌데 입빠이데스

💬 이 냉장고는 용량이 어떻게 되나요?

この冷蔵庫はどのくらいの用量ですか。
코노 레-조-꼬와 도노꾸라이노 요-료-데스까

💬 우리 집 냉장고의 용량은 약 700리터예요.

私の家の冷蔵庫の用量は約700リットルです。
와따시노 이에노 레-조-꼬노 요-료-와 야꾸 나나햐꾸릿토루데스

💬 냉장고에 문제가 생겨서 냉동실 얼음이 녹고 있어요.

冷蔵庫に問題が起こって冷凍室の氷がとけています。
레-조-꼬니 몬다이가 오꼿떼 레-또-시쯔노 코오리가 토께떼 이마스

전자&가스레인지

💬 전자레인지는 현대인의 주방 필수품이 되었어요.

電子レンジは現代人のキッチン必需品になりました。
덴시렌지와 겐다이진노 킷칭 히쯔쥬힌니 나리마시따

💬 전자레인지는 음식을 조리하는 시간을 줄여줘요.

電子レンジは食べ物を料理する時間を減らしてくれます。
덴시렌지와 타베모노오 료-리스루 지깡오 헤라시떼 쿠레마스

電子レンジは食べ物の調理時間を減らしてくれます。
덴시렌지와 타베모노노 쵸-리지깡오 헤라시떼 쿠레마스

💬 전자레인지에는 금속으로 된 그릇을 넣으면 안 되요.

電子レンジに金属製の器を入れてはいけません。
덴시렌지니 킨조꾸세-노 우쯔와오 이레떼와 이께마셍

💬 유코는 가스레인지를 켜고 있었다.

裕子はガスレンジをつけてました。
유-꼬와 가스렌지오 츠께떼마시따

💬 어린이들이 가스레인지를 사용하는 것은 위험해요.

子供たちがガスレンジを使うことは危険です。
코도모따찌가 가스렌지오 츠까우 코또와 키껜데스

요리 준비

💬 저녁을 준비하는 중이에요.
夕食を用意してます。
유-쇼꾸오 요-이시떼마스

💬 오늘 저녁은 뭐야?
今晩の食事は何なの？
콤반노 쇼꾸지와 난나노

💬 10분 후면 저녁이 준비될 거야.
十分あれば夕食が準備できるわ。
쥽뿡 아레바 유-쇼꾸가 쥼비데끼루와

💬 곧 저녁 준비를 시작할 테니까, 기다릴 수 있지?
すぐ夕食作るから、待ってられる？
스구 유-쇼꾸 츠꾸루까라 맛떼라레루

💬 쉽고 빠르게 준비할 수 있는 요리는 뭔가요?
簡単で早く準備できる料理は何ですか。
칸딴데 하야꾸 쥼비데끼루 료-리와 난데스까

💬 식탁 차리는 것 좀 도와줄래?
食事をテーブルにのせるのちょっと手伝ってくれる？
쇼꾸지오 테-부루니 노세루노 춋또 테쯔닷떼 쿠레루

요리하기

💬 맛있는 냄새에 군침이 도는 걸.
おいしいにおいによだれが出るの。
오이시- 니오이니 요다레가 데루노

💬 네가 좋아하는 것을 만들었어.
あなたが好きな物を作ったわ。
아나따가 스끼나 모노오 츠굿따와

💬 저녁으로 불고기를 준비했어요.
夕食で焼肉を準備しました。
유-쇼꾸데 야끼니꾸오 쥰비시마시따

💬 오코노미야키는 어떻게 만들어요?
お好み焼きはどう作りますか。
오꼬노미야끼와 도- 츠꾸리마스까

💬 맛은 어때요?
味はどうですか。
아지와 도-데스까

💬 맛 좀 봐 주세요.
味見をして[見て]ください。
아지미오 시떼[미떼] 쿠다사이

💬 조미료를 넣지 않으면 맛이 안 나.
調味料を入れないと味がでない。
쵸-미료-오 이레나이또 아지가 데나이

💬 엄마가 쓰던 요리법을 사용했을 뿐이에요.

母が使ったレシピを使っただけです。
하하가 츠깟따 레시피오 츠깟따다께데스

💬 요리법 좀 가르쳐 줄래요?

レシピちょっと教えてくれますか。
레시피 춋또 오시에떼 쿠레마스까

💬 이 요리법대로만 따라 하세요.

このレシピどおりにつくってください。
코노 레시피도-리니 츠굿떼 쿠다사이

💬 준비한 저녁을 맛있게 드세요.

準備した夕食を召し上がってください。
쥼비시따 유-쇼꾸오 메시아갓떼 쿠다사이

夕食を準備しましたので召し上がってください。
유-쇼꾸오 쥼비시마시따노데 메시아갓떼 쿠다사이

💬 이거 어떻게 굽지?

これ、どうやって焼くの？
코레 도-얏떼 야꾸노

💬 곁들임은 뭘 하지?

つけ合わせは何にしよう？
츠께아와세와 나니니 시요-

식사 예절

💬 잘 먹겠습니다.

いただきます。
이따다끼마스

💬 잘 먹었습니다.

こちそうさまでした。
코찌소-사마데시따

💬 식사 전에 손을 비누로 깨끗이 씻어라.

食事の前に手を石鹸できれいに洗いなさい。
쇼꾸지노 마에니 테오 섹껜데 키레-니 아라이나사이

💬 입에 음식을 넣은 채 말하지 마.

食べ物を口に入れたまま話すのはやめなさい。
타베모노오 쿠찌니 이레따마마 하나스노와 야메나사이

💬 음식을 남기지 말고 다 먹도록 해.

食べ物を残さず全部食べなさい。
타베모노오 노꼬사즈 젬부 타베나사이

💬 식탁에서 팔꿈치를 올리면 안 되요.

食卓にひじを上げてはだめです。
쇼꾸따꾸니 히지오 아게떼와 다메데스
食卓にひじをついてはだめです。
쇼꾸따꾸니 히지오 츠이떼와 다메데스

💬 식사를 마치면 포크와 나이프를 접시 위에 놓으세요.
食事を終えればフォークとナイフを皿の上に置いてください。
쇼꾸지오 오에레바 호-쿠또 나이후오 사라노 우에니 오이떼 쿠다사이

💬 식탁에서 신문 읽는 것 그만두면 안 되요?
食卓で新聞を読むの、やめなさい。
쇼꾸따꾸데 심붕오 요무노 야메나사이

💬 자리에서 먼저 일어나도 될까요?
先に失礼してもいいですか。
사끼니 시쯔레-시떼모 이-데스까

일본 부침개 오코노미야키

일본 간사이 지방의 명물인 오코노미야키.
우리의 부침개와 비슷해 보이지만, 만드는 법이 차이가 있습니다.
고기나 해물, 양배추, 파, 마 등 재료가 듬뿍 들어가고, 밀가루는
적게 넣습니다. 그리고 부침개처럼 얇지 않고 두껍게 부치는 것이
특징입니다. 참고로 도쿄에서 흔히 먹는 것은 몬자야키입니다.

설거지

💬 식탁 좀 치워 줄래요?
食卓ちょっと片付けてくれますか。
쇼꾸따꾸 춋또 카따즈께떼 쿠레마스까

💬 그릇을 개수대에 넣어 줘.
器を流し台に入れてくれる。
우쯔와오 나가시다이니 이레떼 쿠레루

💬 식탁을 치우고 그릇을 식기세척기에 넣어 줄래요?
食卓を片付けて器を食器洗浄器に入れてくれますか。
쇼꾸따꾸오 카따즈께떼 우쯔와오 쇽끼센죠-끼니 이레떼 쿠레마스까

💬 설거지는 내가 할게요.
皿洗いは私がします。
사라아라이와 와따시가 시마스

💬 그가 저 대신 설거지를 할 거라고 했어요.
彼が私のかわりに皿洗いをすると言いました。
카레가 와따시노 카와리니 사라아라이오 스루또 이-마시따

💬 설거지를 대충 마쳤다.
食後の後片付けを大まかにすました。
쇼꾸고노 아또까따즈께오 오-마까니 스마시따

위생

💬 그녀는 집에 돌아오면 항상 손부터 씻는다.
彼女は帰るといつも手から洗います。
카노죠와 카에루또 이쯔모 테까라 아라이마스

💬 독감 예방을 위해 가장 중요한 것은 바깥에서 돌아온 후에는 손을 씻는 것이에요.
インフルエンザ予防のために一番大切なことは外から戻った後には手を洗うことです。
잉후루엔자 요보-노 타메니 이찌방 타이세쯔나 코또와 소또까라 모돗따 아또니와 테오 아라우 코또데스

💬 그들은 위생 관념이 없어요.
彼らは衛生観念がありません。
카레라와 에-세-깐넹가 아리마셍

💬 그녀는 청결에 지나치게 집착해요.
彼女は清潔に執着し過ぎです。
카노죠와 세-께쯔니 슈-쨔꾸시스기데스

💬 청결이 병을 예방하는 최선책이에요.
清潔が病気を予防する最善の方法です。
세-께쯔가 뵤-끼오 요보-스루 사이젠노 호-호-데스

청소

💬 방이 어질러졌네. 좀 치우도록 해.

部屋がちらかってるね。ちょっと片付けなさい。

헤야가 치라깟떼루네 홋또 카따즈께나사이

💬 청소기를 돌려야겠어.

バキュームで掃除しましょう。

바큐-무데 소-지시마쇼-

電気掃除機で掃除しましょう。

뎅끼소-지끼데 소-지시마쇼-

💬 청소하는 것 좀 도와줄래?

掃除するのをちょっと手伝ってくれる?

소-지스루노오 홋또 테쯔닷떼 쿠레루

💬 선반의 먼지 좀 털어 줄래?

棚のほこりちょっとはたいてくれる?

타나노 호꼬리 홋또 하따이떼 쿠레루

💬 난 매달 한 번씩 집안 구석구석을 청소한다.

私は毎月一回ずつ家を隅々まで掃除する。

와따시와 마이쯔끼 익까이즈쯔 이에오 스미즈미마데 소-지스루

💬 청소가 구석구석까지 잘 되어 있다.

掃除が行き届いています。

소-지가 이끼토도이떼 이마스

💬 매달 대청소를 한다.
毎月大掃除をする。
마이쯔끼 오-소-지오 스루

💬 온 가족이 총동원되어 대청소를 합니다.
一家そうがかりで大掃除をします。
익까소-가까리데 오-소-지오 시마스

💬 대청소로 하루가 고스란히 지나갔다.
大掃除でまる一日つぶれました。
오-소-지데 마루이찌니찌 츠부레마시따

💬 난 매일 방 청소를 합니다.
私は毎日部屋の掃除をします。
와따시와 마이니찌 헤야노 소-지오 시마스

💬 방 청소를 다시 했습니다.
部屋の掃除をやり直しました。
헤야노 소-지오 야리나오시마시따

💬 분담해서 방 청소를 시작합시다.
手分けして掃除を始めましょう。
테와께시떼 소-지오 하지메마쇼-

걸레질

💬 내가 청소기를 돌릴 테니 당신은 걸레질을 해 줄래요?

私がバキュームで掃除するから、あなたは雑巾がけをしてくれますか。

와따시가 바큐-무데 소-지스루까라 아나따와 조-낑가께오 시떼 쿠레마스까

💬 이 마루바닥은 걸레질이 필요하겠는 걸.

この部屋は雑巾がけが必要だね。

코노 헤야와 조-낑가께가 히쯔요-다네

💬 엎지른 물을 걸레로 훔쳐냈어.

こぼした水を雑巾で拭き取った。

코보시따 미즈오 조-낀데 후끼똣따

💬 창문 좀 닦아줄래요?

窓ちょっと拭いてくれますか。

마도 춋또 후이떼 쿠레마스까

💬 아침 내내 욕조를 닦았습니다.

朝の間浴槽を磨きました。

아사노 아이다 요꾸소-오 미가끼마시따

💬 내가 걸레질을 할게.

私が雑巾掛けをするよ。

와따시가 조-낑가께오 스루요

분리수거

💬 쓰레기통 좀 비우지 그래?

ゴミ箱ちょっと空けたい?

고미바꼬 춋또 아께따이

💬 쓰레기 좀 버려 줄래요?

ごみちょっと捨ててくれますか。

고미 춋또 스떼떼 쿠레마스까

💬 어젯밤 쓰레기 내놨어요?

夕べごみ出して置きましたか。

유-베 고미다시떼 오끼마시따까

💬 오늘은 쓰레기 수거차가 오는 날이다.

今日はダストカートが来る日だ。

쿄-와 다스토카-토가 쿠루 히다

💬 재활용 쓰레기는 분리해서 버려야 해요.

リサイクルごみは分けて捨てなければならないです。

리사이쿠루고미와 와께떼 스떼나께레바 나라나이데스

💬 재활용 쓰레기는 어디에 버려야 하나요?

リサイクルごみはどこに捨てなければならないですか。

리사이쿠루고미와 도꼬니 스떼나께레바 나라나이데스까

💬 쓰레기 더미에서 악취가 나요.

ごみの山から悪臭が出ます。
고미노 야마까라 아꾸슈-가 데마스

일본의 성(城)

일본어로 오시로(お城)라고 하는 것은 우리가 알고 있는 성(城)을 의미합니다. 15세기 전후부터 군사적인 목적으로 성을 쌓기 시작하여 교통의 요지에 성들을 세워 권력의 상징으로 삼았답니다.

(1) 고쿄 皇居
천황과 그 일가가 살고 있는 곳으로, 평소에는 예약한 사람만 가이드 투어를 들어갈 수 있습니다. 예약 없이 들어갈 수 있는 날은 1년에 단 두 번, 신년과 천황의 생일에 가능합니다.

(2) 오사카성 大阪城
도요토미히데요시가 세운 일본 최대의 성으로 그의 유물이 전시되어 있는 박물관으로 유명한 관광지로 꼽히고 있습니다.

(3) 히메지성 姫路城
1993년 일본 최초로 세계문화유산으로 등록되었습니다. 성벽에 흰색 옻칠을 하여 그 모습이 마치 백로가 날아오르는 듯 하다고 해서 시라사기라고도 부릅니다.

(4) 나고야성 名古屋城
메이지시대 전까지만 해도 도쿠가와 집안이 대물림하며 살아왔던 곳으로, 이후 국유화되었습니다. 1945년 나고야 공습으로 소실되었다가 1959년 재건되었습니다.

(5) 구마모토성 熊本城
임진왜란 때 우리나라 침공을 진두지휘한 가토 기요마사가 한반도 침략으로 얻은 조선식 축성술 지식을 바탕으로 만들어진 성입니다.

세탁

💬 오늘은 빨래를 해야 해.
今日は洗濯しなきゃ。
쿄-와 센따꾸시나꺄

💬 빨래가 산더미야.
洗濯が山盛りだ。
센따꾸가 야마모리다

💬 빨래가 많이 밀렸어요.
洗濯物がたくさんたまりました。
센따꾸모노가 탁상 타마리마시따

💬 세탁기를 돌려야겠어.
洗濯機を回さなければならない。
센따꾸끼오 마와사나께레바 나라나이

💬 빨래를 비벼 빨아라.
洗濯物をもんで洗いなさい。
센따꾸모노오 몬데 아라이나사이

💬 빨래를 헹궈 주세요.
洗濯物をゆすいでください。
센따꾸모노오 유스이데 쿠다사이

💬 빨래를 삶아서 널었다.
洗濯物を煮て干した。
센따꾸모노오 니떼 호시따

💬 빨래 좀 널어 주세요.
洗濯ちょっと干してください。
센따꾸 춋또 호시떼 쿠다사이

💬 빨래를 너는 걸 잊고 있었어.
洗濯物を干し忘れていた。
센따꾸모노오 호시와스레떼 이따

💬 빨래 좀 걷어 줄래요?
洗濯ちょっと取り込んでくれますか。
센따꾸 춋또 토리꼰데 쿠레마스까

💬 비가 와서 좀처럼 안 말라.
雨でなかなか乾かないわね。
아메데 나까나까 카와까나이와네

💬 날씨가 좋으니까 빨래가 잘 마르네.
いいお天気で、洗濯物がよく乾くわね。
이– 오뗑끼데 센따꾸모노가 요꾸 카와꾸와네

💬 빨래가 보송보송 잘 말랐어요.
洗濯物がしっかりと乾きました。
센따꾸모노가 식까리또 카와끼마시따

💬 이 티셔츠 빨았더니 줄어들었어.
このTシャツ、洗ったら伸びちゃった。
코노 티–샤츠 아랏따라 노비쨧따

나림실

💬 다림질 좀 해 줄래?

アイロンをかけてくれない？
아이롱오 카께떼 쿠레나이

💬 셔츠 좀 다려 줄래요?

シャツちょっとアイロンをかけてくれますか。
샤츠 촛또 아이롱오 카께떼 쿠레마스까

💬 천을 대고 다림질을 해 줘요.

あて布をしてアイロンをかけてね。
아떼기레오 시떼 아이롱오 카께떼네

💬 다려야 할 옷이 산더미야.

アイロンをかける服が山盛りだ。
아이롱오 카께루 후꾸가 야마모리다

💬 간신히 다림질을 마쳤네.

やっとアイロンをかけ終わった。
얏또 아이롱오 카께오왓따

💬 다리미 스위치를 껐나?

アイロンのスイッチを切ったかな。
아이론노 스잇치오 킷따까나

집 꾸미기

💬 전 인테리어나 가구 디자인에 관심이 많아요.

私はインテリアとか家具のデザインに興味が高いです。

와따시와 인테리아또까 카구노 데자인니 쿄-미가 타까이데스

💬 새 집의 인테리어가 맘에 들지 않아요.

新しい家のインテリアが好きじゃないです。

아따라시- 이에노 인테리아가 스끼쟈나이데스

新しい家のインテリアが気に入らないです。

아따라시- 이에노 인테리아가 키니 이라나이데스

💬 인테리어 전문가가 집 전체를 개조했다.

インテリア専門家が家の全体を改造した。

인테리아 셈몬까가 이에노 젠따이오 카이조-시따

💬 새 커튼은 벽 색깔과 어울리지 않아.

新しいカーテンは壁の色と似合わない。

아따라시- 카-텡와 카베노 이로또 니아와나이

💬 야마모토 씨의 집 거실은 멋있는 가구로 꾸며져 있어요.

山本さんの家の居間はすてきな家具がそろっています。

야마모또산노 이에노 이마와 스떼끼나 카구가 소롯떼 이마스

Unit 3 운선&교통

운전

💬 어제 운전면허를 땄어요.
昨日運転免許を取りました。
키노- 운뗀멩꾜오 토리마시따
昨日ドライバーライセンスを取りました。
키노- 도라이바-라이센스오 토리마시따
昨日車のライセンスを取りました。
키노- 쿠루마노 라이센스오 토리마시따

💬 난 아직 운전에 익숙하지 않아요.
私はまだ運転に慣れません。
와따시와 마다 운뗀니 나레마셍

💬 그는 운전에 아주 능숙해요.
彼は運転がとても上手です。
카레와 운뗑가 토떼모 죠-즈데스
彼は運転がとてもうまいです。
카레와 운뗑가 토떼모 우마이데스

💬 최근에 운전면허를 갱신했어요.
最近運転免許を更新しました。
사이낑 운뗀멩꾜오 코-신시마시따

💬 내 운전면허증은 다음 달이 만기예요.

私の運転免許は来月が満期です。
와따시노 운뗀멩꾜와 라이게쯔가 망끼데스

免許の有効期間は来月です。
멩꾜노 유-꼬-끼깡와 라이게쯔데스

💬 음주 운전으로 면허를 취소당했어요.

飲酒運転で免許を取り消されました。
인슈운뗀데 멩꾜오 토리께사레마시따

💬 넌 너무 난폭운전이라 같이 타기가 겁나.

あなたはとても荒っぽい運転だから、一緒に乗るのが怖い。
아나따와 토떼모 아랍뽀이 운뗀다까라 잇쇼니 노루노가 코와이

💬 너무 빠르잖아. 속도 좀 줄여

早すぎだ。スピード落とせよ。
하야스기다 스피-도 오또세요

💬 조심해! 빨간 불이야!

気をつけて！赤信号だ！
키오 츠께떼 아까싱고-다

💬 내가 교대해 줄까?

私が交代しようか？
와따시가 코-따이시요-까

私が交代してあげようか。
와따시가 코-따이시데 아게요-까

🔍 안선벨트를 매라.

シートベルトをしめなさい。
시-토베루토오 시메나사이

💬 에어컨 좀 켜도 될까요?

エアコンちょっとつけてもいいですか。
에아콩 춋또 츠께떼모 이-데스까

💬 길을 잃은 것 같은데.

道に迷ったようなんだけど。
미찌니 마욧따요-난다께도

💬 좌회전해야 하니 좌측 차선으로 들어가.

左折をしなきゃいけないから、左側の車線に入りなさい。
사세쯔오 시나캬 이께나이까라 히다리가와노 샤센니 하이리나사이

💬 이 길 정말 맞는 거야?

この道本当にあってるの？
코노 미찌 혼또-니 앗떼루노

주차

💬 주차장은 어디에 있나요?
駐車場はどこへありますか。
츄-샤죠-와 도꼬에 아리마스까

💬 여기에 주차해도 되나요?
ここに駐車してもいいですか。
코꼬니 츄-샤시떼모 이-데스까

💬 건물 뒤에 주차장이 있습니다.
ビルの後ろに駐車場があります。
비루노 우시로니 츄-샤죠-가 아리마스

💬 시간당 주차료는 얼마인가요?
一時間当たりの駐車料はいくらですか。
이찌지깡아따리노 츄-샤료-와 이꾸라데스까

💬 주차장은 만차입니다.
駐車場は満車です。
츄-샤죠-와 만샤데스

💬 저희가 주차해 드리겠습니다.
私が止めます。/ 私がやります。
와따시가 토메마스 / 와따시가 야리마스

💬 주차금지!
駐車禁止！
츄-샤낀시

교통 체증

💬 길이 꽉 막혔어요.
道は大渋滞でした。
미찌와 다이쥬-따이데시따

💬 고장난 차 때문에 길이 딱 막혔어.
故障した車のために交通がマヒした。
코쇼-시따 쿠루마노 타메니 코-쯔-가 마히시따

💬 오늘은 교통 체증이 아주 심한데요.
今日は交通渋滞がとてもひどいです。
쿄-와 코-쯔-쥬-따이가 토떼모 히도이데스

💬 모든 도로가 주차장으로 변해 버렸어요.
すべての道路が駐車場になりました。
스베떼노 도-로가 츄-샤죠-니 나리마시따

💬 왜 밀리는 거죠?
どうして渋滞してるの？
도-시데 쥬-따이시떼루노

💬 앞에서 교통사고가 난 것 같은데요.
前で交通事故が起きたようですが。
마에노 코-쯔-지꼬가 오끼따요-데스가

교통 위반

💬 오른쪽 길 옆으로 차를 세워 주세요.
右側の道ぞいに車を止めてください。
미기가와노 미찌소이니 쿠루마오 토메떼 쿠다사이

💬 면허증 좀 보여 주시겠어요?
免許証ちょっと見せてくれませんか。
멩꾜쇼- 촛또 미세떼 쿠레마셍까

💬 차에서 내려 주시겠어요?
車から降りてくれませんか。
쿠루마까라 오리떼 쿠레마셍까

💬 음주측정기를 부십시오.
飲酒測定器を吹いてください。
인슈소꾸떼-끼오 후이떼 쿠다사이

💬 정지신호에서 멈추지 않으셨어요.
停止信号で止まりませんでした。
테-시싱고-데 토마리마센데시따

💬 제한속도를 위반하셨어요.
制限速度を違反しました。
세-겐소꾸도오 이한시마시따

💬 벌금은 얼마인가요?
罰金はいくらですか。
박낑와 이꾸라데스가

💬 무단횡단을 하면 안 됩니다.
違反横断をしてはいけません。
이항오-당오 시떼와 이께마셍

💬 이 차선은 좌회전 전용입니다.
この車線は左折専用です。
코노 샤셍와 사세쯔 셍요-데스

💬 여기에서 우회전은 안 됩니다.
ここでは右折はできません。
코꼬데와 우세쯔와 데끼마셍
ここでは右折禁止です。
코꼬데와 우세쯔킨시데스

💬 직진해서 신호에서 좌회전하세요.
まっすぐ進んで信号の所で左に曲がりなさい。
맛스구 스슨데 싱고-노 토꼬로데 히다리니 마가리나사이

💬 다음 모퉁이에서 우회전해 주세요.
次の角を右折してください。
츠기노 카도오 우세쯔시데 쿠다사이

Unit 4 이사

부동산 – 집 구하기

💬 새 아파트를 구합니다.
新しいアパートを探しています。
아따라시- 아파-토오 사가시떼 이마스

💬 임대할 집을 찾고 있어요.
賃貸の家を探しています。
친따이노 이에오 사가시떼 이마스

💬 추천해 주실 집이 있나요?
お勧めの家はあるんですか。
오스스메노 이에와 아룬데스까

💬 어느 정도 크기의 집을 찾고 있으세요?
どのぐらいの大きさの家を探しているんですか。
도노구라이노 오-끼사노 이에오 사가시떼 이룬데스까

💬 바람에 맞는 좋은 곳이 있어요.
希望にそういい所があります。
키보-니 소- 이- 토꼬로가 아리마스

💬 지하철역에서 가까운 집이 있나요?
地下鉄の駅から近い家はあるんですか。
치까떼쯔노 에끼까라 치까이 이에와 아룬데스까

💬 지하철역에서 걸어서 10분 거리입니다.
地下鉄の駅から歩いて十分の距離です。
치까떼쯔노 에끼까라 아루이떼 쥿뿐노 쿄리데스
地下鉄の駅から歩いて十分かかります。
치까떼쯔노 에끼까라 아루이떼 쥿뿡 카까리마스

💬 방 두 개짜리 아파트를 구하고 있습니다.
二部屋の物件を探しています。
후따헤야노 북껜오 사가시떼 이마스

💬 이 아파트는 방이 몇 개인가요?
このアパートは部屋はいくつですか。
코노 아파-토와 헤야와 이꾸쯔데스까

💬 방 두 개와 욕실이 있고, 가구도 갖춰져 있습니다.
二部屋で、バス付き、家具付きです。
후따헤야데 바스쯔끼 카구쯔끼데스

💬 몇 층인가요?
何階ですか。
낭까이데스까

💬 임대료는 얼마인가요?
貸し賃はいくらですか。
카시찡와 이꾸라데스까
レンタル料はいくらですか。
렌타루료-와 이꾸라데스까

💬 저희 동네는 집세가 아주 비싸요.
私の町は家賃がとても高いです。
와따시노 마찌와 야찡가 토떼모 타까이데스

💬 계약 기간은 얼마입니까?
契約期間はいつまでですか。
케-야꾸 키깡와 이쯔마데데스까

일본에서 집 구하기

일본에는 우리처럼 전세 제도가 없고 월세 제도가 있습니다.
집을 구할 때는 인터넷이나 부동산을 이용합니다.
단기 체류자를 위한 위클리 맨션(ウィークリーマンション)이나
먼슬리 맨션(マンスリーマンション) 등도 있습니다.

- 大家 집주인
- 家賃 집세
  _보통 월세임
- 敷金 보증금
  _임차 기간이 끝나면 돌려받음, 보통 임차료 1개월 분
- 礼金 사례금
  _집을 빌려주어 고맙다는 의미로 처음 입주할 때 2개월분의 월세를 지불해야 함

부동산 - 계약하기

💬 계약하겠어요.
契約してください。
케-야꾸시떼 쿠다사이

💬 이 집으로 하겠어요.
この家にします。
코노 이에니 시마스

💬 이 아파트를 임대하겠어요.
このアパートに入ります。
코노 아파-토니 하이리마스

💬 계약서에 서명해 주시겠어요?
契約書に署名してくださいませんか。
케-야꾸쇼니 쇼메-시떼 쿠다사이마셍까

💬 언제 이사 올 수 있을까요?
いつ引っ越しできますか。
이쯔 힉꼬시데끼마스까

💬 당장 이사 들어가도 될까요?
今すぐ引っ越してもいいでしょうか。
이마 스구 힉꼬시떼모 이-데쇼-까

이사 계획

💬 이사할 때가 된 것 같아요.
引っ越す時期が来たようです。
힉꼬스 지끼가 키따요-데스

💬 우리 가족은 한 달 후 이사할 계획이에요.
私の家族は一ヶ月後に引っ越す予定です。
와따시노 카조꾸와 익까게쯔고니 힉꼬스 요떼-데스

💬 곧 이사간다면서요?
もうすぐ引っ越しするんですって？
모-스구 힉꼬시스룬데슷떼

💬 어디로 이사하니?
どこに引っ越すの？
도꼬니 힉꼬스노

💬 새 아파트로 언제 이사가세요?
新しいアパートにいつ引っ越しますか。
아따라시- 아파-토니 이쯔 힉꼬시마스까

💬 이번에는 단독주택입니다.
今度は一戸建てです。
콘도와 익꼬다떼데스

💬 이사할 날도 금방인 걸.
引っ越しする日も間近だよ。
힉꼬시스루 히모 마지까다요

💬 이사하는 것 때문에 걱정이에요.
引っ越しのことが心配です。
힉꼬시노 코또가 심빠이데스

💬 이사 가는 건 쉬운 일이 아니네요.
引っ越しは簡単なことではないですね。
힉꼬시와 칸딴나 코또데와 나이데스네

💬 이사를 가려면 한 달 전에 미리 알려 주세요.
引っ越しするなら一ヶ月前にあらかじめお知らせください。
힉꼬시스루나라 익까께쯔 마에니 아라까지메 오시라세 쿠다사이

💬 이사할 때 도움이 필요하면 말씀하세요. 도와드릴게요.
引っ越しする時、助けが必要ならば言ってください。手伝ってあげますよ。
힉꼬시스루 토끼 타스께가 히쯔요-나라바 잇떼 쿠다사이 데쯔닷떼 아게마스요

💬 직장 관계로 지방으로 이사합니다.
職場の関係で地方に引っ越します。
쇼꾸바노 캉께-데 치호-니 힉꼬시마스

💬 어느 이삿짐센터에 맡길까?
どこの運送会社にたのもうかな。
도꼬노 운소-가이샤니 타노모-까나

짐 싸기&정리

💬 이삿짐은 모두 쌌어요?

引っ越しの荷物はすべてパッキングしましたか。
힉꼬시노 니모쯔와 스베떼 팍킹구시마시따까

引っ越しの荷物は全部荷造りしましたか。
힉꼬시노 니모쯔와 젬부 니즈꾸리시마시따까

💬 이사가기 위해 짐을 싸야 해요.

引っ越しのために荷物をまとめなければなりません。
힉꼬시노 타메니 니모쯔오 마또메나께레바 나리마셍

💬 나 혼자 이삿짐을 다 쌌어.

私は自分で引っ越しの荷物をすべてまとめた。
와따시와 지분데 힉꼬시노 니모쯔오 스베떼 마또메따

💬 이사가기 전에 물건들을 팔아야겠어요.

引っ越しの前に品物を売らなければならない。
힉꼬시노 마에니 시나모노오 우라나께레바 나라나이

💬 이사 가기 전에 가재도구를 정리했습니다.

引っ越しの前に家財道具を整理しました。
힉꼬시노 마에니 카자이도-구오 세-리시마시따

💬 어떤 상자에 뭘 넣었는지 모르겠어.

どの箱に何を入れたか、分からなくなったよ。

도노 하꼬니 나니오 이레따까 와까라나꾸낫따요

💬 그 상자에는 '파손주의'라고 써 뒀어요.

その箱には「ワレモノ注意」って書いておいたよ。

소노 하꼬니와 「와레모노 츄-잇」떼 카이떼 오이따요

💬 이사는 했지만, 아직 집안이 정리되지 않았어.

引っ越ししたけれど、まだ家の中は片づいていない。

힉꼬시시따께레도 마다 우찌노 나까와 카따즈이떼 이나이

💬 짐 정리를 도와줄 수 있어요?

荷物の整理を手伝ってくれませんか。

니모쯔노 세-리오 테쯔닷떼 쿠레마셍까

💬 가스는 언제 공급되나요?

ガスはいつ供給されるんですか。

가스와 이쯔 쿄-뀨-사레룬데스까

💬 가장 가까운 슈퍼마켓은 어디인가요?

一番近いスーパーマーケットはどこですか。

이찌방 치까이 스-파-마-켓토와 도꼬데스까

집들이

💬 새 집을 정리하는데 일주일이나 걸렸어요.

新しい家を整理するのに一週間もかかりました。

아따라시- 우찌오 세-리스루노니 잇슈-깜모 카까리마시따

💬 집들이는 언제 할 거예요?

お引っ越し祝いはいつするつもりですか。

오힉꼬시이와이와 이쯔스루 츠모리데스까

💬 집들이를 합시다.

引っ越しパーティーをしましょう。

힉꼬시 파-티-오 시마쇼-

💬 이번 주말 새 집에 초대할게요.

今度の週末新しい家に招待しますよ。

콘도노 슈-마쯔 아따라시- 우찌니 쇼-따이시마스요

💬 그의 집들이에 초대받았습니다.

彼のお引っ越しパーティーに呼ばれました。

카레노 오힉꼬시 파-티-니 요바레마시따

Chapter 03

나랑 친구할래요?

Unit 1 날씨&계절
Unit 2 명절&기념일
Unit 3 음주
Unit 4 흡연
Unit 5 취미
Unit 6 애완동물
Unit 7 식물 가꾸기

Unit 1 날씨&계절

날씨 묻기

💬 오늘 날씨 어때요?
今日の天気どうですか。
쿄-노 텡끼 도-데스까
今日どんな天気ですか。
쿄- 돈나 텡끼데스까

💬 바깥 날씨 어때요?
外の天気どうですか。
소또노 텡끼 도-데스까

💬 내일 날씨는 어떨까요?
明日の天気はどうでしょうか。
아시따노 텡끼와 도-데쇼-까

💬 오늘 날씨가 참 좋죠?
今日は天気が本当にいいでしょう？
쿄-와 텡끼가 혼또-니 이-데쇼-

💬 이런 날씨 좋아하세요?
こんな天気好きですか。
콘나 텡끼 스끼데스까
このような天気好きですか。
코노 요-나 텡끼 스끼데스까

157

💬 이런 날씨가 계속될까요?

こんな天気が続くでしょうか。
콘나 텡끼가 츠즈꾸데쇼-까

このような天気が続くでしょうか。
코노 요-나 텡끼가 츠즈꾸데쇼-까

💬 오늘 몇 도예요?

今日何度ですか。
쿄- 난도데스까

꽃 관련 어휘

つつじ 진달래

朝顔(あさがお) 나팔꽃

桜(さくら) 벚꽃

エーデルワイス 에델바이스

ゆり 백합

梅(うめ) 매화

ばら 장미

すみれ 제비꽃

ひまわり 해바라기

水洗化(すいせんか) 수선화

蓮華(れんげ) 연꽃

チューリップ 튤립

菊(きく) 국화

つばき 동백꽃

牡丹(ぼたん) 모란

たちあおい 접시꽃

たんぽぽ 민들레

ほうせんか 봉선화

カーネーション 카네이션

일기예보

- 오늘 일기예보 어때요?
  今日の天気予報どうですか。
  쿄-노 텡끼요호- 도-데스까

- 내일 일기예보 아세요?
  明日の天気予報知ってますか。
  아시따노 텡끼요호- 싯떼마스까
  明日の天気予報見ましたか。
  아시따노 텡끼요호- 미마시따까

- 일기예보에서는 맑다고 했습니다.
  天気予報では晴れだと言っていました。
  텡끼요호-데와 하레다또 잇떼이마시따

- 일기예보에 의하면 내일은 비가 온다고 합니다.
  天気予報によると明日は雨だそうです。
  텡끼요호-니요루또 아시따와 아메다소-데스

- 오늘 일기예보로는 오전 중에 흐리고 오후에는 비가 옵니다.
  今日の天気予報では、午前中は曇り、午後は雨です。
  쿄-노 텡끼요호-데와 고젠쮸-와 쿠모리, 고고와 아메데스

- 곳에 따라 흐리고 때때로 비.
  ところにより曇り時々雨。
  토꼬로니요리 쿠모리 토끼도끼 아메

💬 일기예보를 확인해 봐.
天気予報を確認してみて。
텡끼요호─오 카꾸닌시떼 미떼

💬 오늘 일기예보는 맞았네요.
今日の天気予報は当たりましたね。
쿄―노 텡끼요호―데와 아따리마시따네

💬 일기예보가 또 틀렸어요.
天気予報がまた間違えました。
텡끼요호―가 마따 마찌가에마시따

💬 일기예보가 빗나갔다.
天気予報が外れた。
텡끼요호―가 하즈레따

💬 일기예보는 믿을 수 없어요.
天気予報は信じられません。
텡끼요호―와 신지라레마셍

💬 일기예보는 안 맞는 경우도 많으니까요.
天気予報は外れることも多いからね。
텡끼요호―와 하즈레루 코또모 오―이까라네

맑은 날

💬 날씨가 맑아요.
今日は晴れです。
쿄-와 하레데스
今日はいい天気です。
쿄-와 이- 텡끼데스

💬 오늘은 날씨가 화창하네요.
今日はのどかな天気ですね。
쿄-와 노도카나 텡끼데스네

💬 최근 날씨가 계속 좋네요.
最近天気がずっといいですね。
사이낑 텡끼가 즛또 이-데스네
このところすばらしい天気が続いていますね。
코노또꼬로 스바라시- 텡끼가 츠즈이떼 이마스네

💬 이런 날씨가 계속되면 좋겠어요.
こんな天気が続けばいいですね。
콘나 텡끼가 츠즈께바 이-데스네
こんな天気が続くといいですね。
콘나 텡끼가 츠즈꾸또 이-데스네

💬 햇볕이 아주 좋아요.
日ざしがとても気持ちいいです。
히자시가 토떼모 키모찌이-데스네

💬 오늘은 햇볕이 따갑군.

今日は日ざしが強い。
쿄-와 히자시가 츠요이

💬 활짝 갰군요.

からっとしていますね。
카랏또시떼이마스네

💬 오늘 오후에는 개일 것 같아요.

今日の午後には晴れるようです。
쿄-노 고고니와 하레루요-데스

💬 날씨가 개였어요.

晴れてきましたよ。
하레떼끼마시따요

💬 내일 날씨가 개이면 좋을 텐데.

明日晴れるといいんだがなあ。
아시따 하레루또 이인다가나-

💬 날씨가 개일 것 같아요.

天気は晴れそうです。
텡끼와 하레소-데스

💬 내일은 날이 개이도록 인형을 장식해야지.

明日は晴れるように、てるてる坊主を作って飾ろう。
아시따와 하레루요-니 테루떼루보-즈오 츠굿떼 카자로-

흐린 날

💬 날씨가 궂어요.
天気が悪いです。
텡끼가 와루이데스

💬 날이 흐려졌어요.
曇ってきました。
쿠못떼 키마시따

💬 아주 흐려요.
とても曇ってます。
토떼모 쿠못떼마스

💬 별안간 하늘이 흐려졌어요.
急に空が曇りました。
큐-니 소라가 쿠모리마시따

💬 하루 종일 흐려 있었어요.
一日中曇っていました。
이찌니찌쥬- 쿠못떼 이마시따

💬 날씨가 우중충해요.
天気がうっとうしいです。
텡끼가 웃또우시-데스

💬 우중충한 날씨군요.
うっとうしい天気ですね。
웃또우시- 텡끼데스네

비 오는 날

💬 비가 와요.
雨が降っています。
아메가 훗떼이마스

💬 비가 뚝뚝 떨어지기 시작했어요.
雨がぽつりぽつりと降りだした。
아메가 포쯔리뽀쯔리또 후리다시따

💬 비가 본격적으로 왔습니다.
雨が本格的に降りました。
아메가 홍까꾸떼끼니 후리마시따

💬 비가 심하게 오는군요.
雨がひどい降りですねえ。
아메가 히도이 후리데스네-

💬 비가 멈추지 않고 계속 온다.
雨がやみません。
아메가 야미마셍

💬 그저 지나가는 비예요.
たんなる通り雨ですよ。
탄나루 토-리아메데스요

💬 비가 억수같이 퍼붓는데요.

バケツをひっくりかえしたようだ。
바케츠오 힛꾸리까에시따요-다

土砂降りですね。
도샤부리데스네

💬 요즘 내내 비가 옵니다.

最近ずっと雨です。
사이낑 즛또 아메데스

💬 올해에는 유별나게 비가 많이 오네요.

今年は特に雨が多いです。
코또시와 토꾸니 아메가 오-이데스

💬 마침 비가 오기 시작했다.

ちょうどその時雨が降って来ました。
쵸-도 소노또끼 아메가 훗떼 키마시따

💬 비가 온다고 해요.

雨が降りそうです。
아메가 후리소-데스

💬 금방 비가 올 것 같아요.

すぐ雨が降るみたいです。
스구 아메가 후루미따이데스

💬 비가 올 것 같으니 우산을 가지고 가.
雨が降りそうですから、傘を持って行きなさい。
아메가 후리소-데스까라 카사오 못떼 이끼나사이

💬 길에서 소나기를 만났습니다.
道でにわか雨に会いました。
미찌데 니와까아메니 아이마시따

💬 빗발이 약해졌습니다.
雨がこぶりになりました。
아메가 코부리니나리마시따

💬 이제 비가 그쳤나요?
もう雨が止みましたか。
모-아메가 야미마시따까

💬 그는 '비를 몰고 다니는 남자'라고 불리고 있어요.
彼は「あめおとこ」と呼ばれています。
카레와 '아메오또꼬'또 요바레떼이마스

천둥&번개

💬 천둥이 치고 있어요.
雷が鳴っています。
카미나리가 낫떼이마스

💬 번개가 쳐요.
稲妻が走ります。
이나즈마가 하시리마스

💬 천둥이 심하네!
雷がひどいです!
카미나리가 히도이데스

💬 천둥 소리에 놀랐습니다.
雷の音にびっくりしました。
카미나리노 오또니 빗꾸리시마시따

💬 번개가 치자 천둥 소리가 울렸다.
稲光が走り雷鳴が聞こえた。
이나비까리가 하시리 라이메-가 키꼬에따

💬 밤새 천둥소리가 울렸어요.
夜通し雷が鳴っていました。
요도오시 카미나리가 낫떼 이마시따

💬 내일은 천둥을 동반한 비가 예상됩니다.
明日は雷を伴った雨が予想されます。
아시따와 카미나리오 토모낫따 아메가 요소-사레마스

봄 날씨

💬 겨울에서 봄이 되었어요.
季節が冬から春になりました。
키세쯔가 후유까라 하루니 나리마시따

💬 봄이 코 앞에 다가왔어요.
春がもうすぐ目の前に迫ってきました。
하루가 모ー스구 메노 마에니 세맛떼 키마시따

💬 봄 날씨 치고는 꽤 춥네요.
春の天気と言うわりにはかなり寒いですね。
하루노 텡끼또 이우와리니와 카나리 사무이데스네

💬 봄 기운이 완연하네요.
春の雰囲気がはっきり現れてきました。
하루노 훙이끼가 핫끼리 아라와레떼 키마시따

💬 아주 봄다워졌군.
すっかり春めいてきたね。
슥까리 하루메이떼 키따네

💬 봄은 날씨가 변화무쌍해요.
春は天気が変わりやすいです。
하루와 텡끼가 카와리야스이데스

💬 봄이 되면 해가 길어져요.
春になると日が長くなります。
하루니 나루또 히가 나가구 나리마스

💬 날씨가 따뜻해요.
暖かい天気です。
아따따까이 텡끼데스

💬 오늘은 따스하군요.
今日はぽかぽか暖かいですね。
쿄-와 포까뽀까 아따따까이데스네

💬 이제 곧 따뜻해지겠죠.
もうじき暖かくなるでしょうね。
모-지끼 아따따까꾸나루데쇼-네

💬 점점 따뜻해지는군요.
だんだん暖かくなってきましたね。
단당 아따따까꾸낫떼 키마시따네

💬 이 시기치고는 제법 따뜻하군요.
この時期にしてはかなり暖かいですね。
코노 지끼니시떼와 카나리 아따따까이데스네

💬 한국의 봄은 제주도에서 시작됩니다.
韓国の春はチェジュドから始まります。
캉꼬꾸노 하루와 체주도까라 하지마리마스

💬 봄은 만물이 생동하는 계절이에요.
春は万物が生き生きする季節です。
하루와 밤부쯔가 이끼이끼스루 키세쯔데스

💬 봄이 되면 산과 들은 신록으로 뒤덮여요.
春になると、山と野原は新緑でおおわれます。
하루니나루또 야마또 노하라와 신료꾸데 오-와레마스

💬 꽃구경하는 계절이야.
花見の季節だね。
하나미노 키세쯔다네

💬 벚꽃이 피었어.
桜が咲いたよ。
사꾸라가 사이따요

💬 개나리는 봄의 상징이에요.
連翹は春の象徴です。
렝교-와 하루노 쇼-쪼-데스

💬 오늘은 강한 남풍이 불었어요.
今日は春一番が吹きました。
쿄-와 하루이찌방가 후끼마시따

💬 그는 봄을 타요.
彼は春になるとゆううつになります。
카레와 하루니나루또 유-우쯔니나리마스

💬 사계절 중에서 봄이 제일 기분 좋아요.
四季の中で春が一番気持ちがいいです。
시끼노 나까데 하루가 이찌방 키모찌가 이-데스

황사

💬 황사가 올 거래.
黄砂が飛んでくるみたい。
코-사가 톤데 쿠루미따이

💬 또, 황사의 계절이 되었어요.
また、黄砂の季節になりました。
마따 코-사노 키세쯔니나리마시따

💬 황사가 올 때에는 외출을 삼가는 게 좋아요.
黄砂が来る時は外出をしない方がいいです。
코-사가 쿠루 토끼와 가이슈쯔오 시나이 호-가 이-데스

💬 황사는 매년 봄 한반도에 몰려 옵니다.
黄砂は毎年春に、韓半島に来ます。
코-사와 마이넹 하루니 캉한토-니 키마스

💬 극심한 황사 현상으로 가시거리가 50m 이하로 떨어졌습니다.
激しい黄砂現象で可視距離が50メートル以下に落ちました。
하게시-코-사겐쇼-데 카시꺄리가 고쥬-메-토루이카니 오찌마시따

💬 당국이 오늘 황사 경보를 발령했습니다.
政府は今日黄砂警報を出しました。
세-후와 쿄- 코-사께-호-오 다시마시따

여름 날씨

💬 정말 덥네요.
本当に暑いです。
혼또-니 아쯔이데스

💬 올 여름은 특히 더워요.
今年の夏は特に暑いです。
코또시노 나쯔와 토꾸니 아쯔이데스

💬 오늘은 상당히 덥군요.
今日はかなり暑いですね。
쿄-와 카나리 아쯔이데스네

💬 점점 더워지고 있어요.
いよいよ暑くなっています。
이요이요 아쯔쿠낫떼이마스

💬 너무 더워.
暑すぎるよ。
아쯔스기루요

💬 진짜 더위는 이제부터예요.
本当の暑さは今からです。
혼또-노 아쯔사와 이마까라데스

💬 여름은 후덥지근해요.
夏は蒸し暑いです。
나쯔와 무시아쯔이데스

Chapter 03 Unit 1 날씨&계절

💬 날씨가 찌는 듯 해요.

蒸し暑いです。
무시아쯔이데스

💬 푹푹 찌네요!

ムシムシしますね！
무시무시시마스네

💬 찜 찌듯 더워서 숨쉬기 괴로워.

ムシムシして息苦しい。
무시무시시떼 이끼구루시-

💬 이 더위는 견딜 수 없습니다.

この暑さには耐えられません。
코노 아쯔사니와 타에라레마셍

💬 오늘도 다시 더워질 것 같군요.

今日もまた暑くなりそうですよ。
쿄-모 마따 아쯔꾸나리소-데스요

💬 이 시기치고는 너무 덥네요.

この時期のわりにはとても暑いです。
코노 지끼노 와리니와 토떼모 아쯔이데스

💬 여름은 더운 게 정상이죠.

夏は暑いのが普通でしょう。
나쯔와 아쯔이노가 후쯔-데쇼-

173

💬 오늘이 이번 여름에 가장 더운 날이래요.
今日はこの夏一番暑い日だそうです。
쿄- 와 코노나쯔 이찌방 아쯔이 히다소-데스

💬 이 더위가 언제까지 지속될까요?
この暑さがいつまでつづくのでしょうか。
코노 아쯔사가 이쯔마데 츠즈꾸노데쇼-까

💬 이제 여름도 막바지야.
もう夏も終わりだね。
모- 나쯔모 오와리다네

💬 올 여름은 예년보다 기온이 낮습니다.
今年は冷夏です。
코또시와 레-까데스

💬 열대야가 계속되고 있어.
熱帯夜が続いている。
넷따이야가 츠즈이떼 이루

💬 그녀는 더위를 탑니다.
彼女は暑がりです。
카노죠와 아쯔가리데스

💬 저는 더위를 먹었어요.
私は夏バテしました。
와따시와 나쯔바떼시마시따

태풍

💬 태풍이 다가오고 있어요.
台風が近づいています。
타이후-가 치까즈이떼 이마스

💬 태풍이 밤 사이에 지나간 것 같아요.
台風は夜のうちに通りすぎたみたいですね。
타이후-와 요루노 우찌니 토오리스기따미따이데스네

💬 태풍의 여파로 파도가 높아요.
台風のために波が高いです。
타이후-노 타메니 나미가 타까이데스

💬 태풍은 지금 어디에 있을까요?
台風は今どのへんでしょうか。
타이후-와 이마 도노헨데쇼-까

💬 태풍이 동해안에 상륙했습니다.
台風が東の海岸に上陸しました。
타이후-가 히가시노 카이간니 죠-리꾸시마시따

💬 바람이 심하게 불고 있군요.
風が強く吹いていますね。
카제가 츠요꾸 후이떼 이마스네

장마

💬 장마철에 접어들었어요.
梅雨に入りました。
츠유니 하이리마시따

💬 장마전선이 북상하고 있습니다.
梅雨前線が北上しています。
바이우-젠셍가 호꾸죠-시떼 이마스

💬 장마철에는 날씨가 오락가락해요.
梅雨時には天気が不安定です。
츠유도끼니와 텡끼가 후안떼-데스

💬 장마가 개어서 다행이군요.
梅雨が開けてよかったですね。
츠유가 아께떼 요깟따데스네

💬 장마가 끝났어요.
梅雨が終わりました。
츠유가 오와리마시따
梅雨が明けました。
츠유가 아께마시따

💬 장마철에는 축축해서 빨래도 잘 마르지 않는다.
梅雨の時期はじめじめしていて、洗濯物もなかなか乾かない。
츠유노 지끼와 지메지메시떼이떼 센따꾸모노모 나까나까 카와까나이

💬 장마철에는 우산이 필수품이죠.
梅雨時には傘が必需品でしょう。
츠유도끼니와 카사가 히쯔쥬힌데쇼-

가뭄

💬 가뭄으로 식물들이 시들어요.
日照りで植物が枯れます。
히데리데 쇼꾸부쯔가 카레마스

💬 사상 최악의 가뭄이 될 거라네요.
史上最悪の日照りになると言います。
시죠- 사이아꾸노 히데리니나루또 이-마스

💬 한국은 현재 극심한 가뭄에 처해 있습니다.
韓国は今ひどい日照りに苦しめられています。
캉꼬꾸와 이마 히도이 히데리니 쿠루시메라레떼 이마스

💬 이번 가뭄으로 농작물이 큰 피해를 입었어요.
今回の日照りで農作物が大きな被害にあいました。
콩까이노 히데리데 노-사꾸모쯔가 오-끼나 히가이니 아이마시따

💬 올 여름은 가뭄이 장기간 지속될 예상입니다.
今年の夏は日照りが長期間続く予想です。
코또시노 나쯔와 히데리가 쵸-끼깐 츠즈꾸 요소-데스

💬 오랜 가뭄으로 댐 수위가 낮아졌습니다.

長い日照りによってダムの水位が下がりました。

나가이 히데리니 욧떼 다무노 스이-가 사가리마시따

홍수

💬 매년 이 무렵이면 홍수가 나요.

毎年この時期は洪水になります。

마이또시 코노 지끼와 코-즈이니 나리마스

💬 여름 최대 강우량으로 기록되었습니다.

夏の最大降雨量に記録されました。

나쯔노 사이다이 코-우료-니 키로꾸사레마시따

💬 이 지역은 홍수 취약 지역이에요.

ここは洪水多発地域です。

코꼬와 코-즈이 타하쯔 치이끼데스

💬 홍수로 그 다리가 떠내려 갔어요.

洪水で橋が押し流されました。

코-즈이데 하시가 오시나가사레마시따

💬 홍수로 집도 농작물도 송두리째 떠내려 갔습니다.

洪水で家も作物も根こそぎ流されました。

코-즈이데 이에모 사꾸모쯔모 네꼬소기 나가사레마시따

💬 홍수로 철도가 파괴되었어요.
洪水で鉄道が破壊されました。
코ー즈이데 테쯔도ー가 하까이사레마시따

💬 작년의 대규모 홍수로 인한 피해는 막대했어요.
去年の大規模洪水による被害は甚大でした。
쿄넨노 다이끼보 코ー즈이니 요루 히가이와 진다이데시따

가을 날씨

💬 어느덧 가을이 왔어요.
いつのまにか秋が来ました。
이쯔노마니까 아끼가 키마시따

💬 가을로 접어들었어요.
秋に入りました。
아끼니 하이리마시따

💬 서늘해요.
涼しいです。
스즈시ー데스

💬 가을 바람이 살랑살랑 붑니다.
秋風がそよそよと吹きます。
아끼까제가 소요소요또 후끼마스

💬 가을 기운이 완연합니다.
秋の雰囲気がはっきり現れます。
아끼노 훙이끼가 학끼리 아라와레마스

💬 가을은 눈 깜짝할 사이에 지나갔어요.
秋は瞬く間に通り過ぎました。
아끼와 마따따꾸마니 토-리스기마시따

💬 가을이 벌써 지나간 것 같아요.
秋はもう終わりのようですね。
아끼와 모- 오와리노요-데스네

💬 차가운 가을 공기에 기분이 상쾌해요.
冷たい秋の風がさわやかです。
츠메따이 아끼노 카제가 사와야까데스

💬 가을은 천고마비의 계절입니다.
秋は「天高く馬肥ゆる秋」です。
아끼와 텡따까꾸 우마 코유루 아끼데스

💬 가을은 독서의 계절입니다.
秋は読書の季節です。
아끼와 도꾸쇼노 키세쯔데스

💬 가을은 여행하기에 좋은 계절이죠.
秋は旅行するのにいい季節です。
아끼와 료꼬-스루노니 이- 키세쯔데스

💬 가을은 결실의 계절입니다.
秋は実りの季節です。
아끼와 미노리노 키세쯔데스

💬 가을이 되면 식욕이 좋아져요.
秋になると食欲が増します。
아끼니 나루또 쇼꾸요꾸가 마시마스

💬 저 높푸른 가을 하늘을 봐.
あの高く青い秋の空を見て。
아노 타까꾸 아오이 아끼노 소라오 미떼

💬 난 가을을 타요.
私は秋になるとゆううつになります。
와따시와 아끼니나루또 유-우쯔니나리마스

秋は読書の季節です。

단풍

💬 단풍이 제철이에요.
紅葉が見ごろです。
모미지가 미고로데스

💬 가을에는 단풍놀이가 최고예요.
秋には紅葉狩りが最高です。
아끼니와 모미지가리가 사이꼬-데스

💬 나뭇잎이 물들고 있어요.
木の葉が赤く染まっています。
키노하가 아까꾸 소맛떼 이마스

💬 가을이면 낙엽이 져요.
秋になると[には]葉が落ちます。
아끼나나루또[니와] 하가 오찌마스

💬 은행나무가 노랗게 물들기 시작했어요.
銀杏が黄色く染まり始めました。
이쬬-가 키이로꾸 소마리하지메마시따

💬 산에 단풍이 들어서 불바다 같아요.
紅葉で山が燃えるようです。
코-요-데 야마가 모에루요-데스

💬 다음 주말에 단풍놀이를 갈 거예요.
来週末に紅葉狩りに行くつもりです。
라이슈-마쯔니 모미지가리니 이꾸쯔모리데스

겨울 날씨

💬 드디어 겨울이군.
いよいよ冬だね。
이요이요 후유다네

💬 겨울이 다가오는 것 같아요.
冬が近づいています。
후유가 치까즈이떼 이마스

💬 어느새 가을에서 겨울로 넘어왔네요.
いつのまにか秋から冬になりましたね。
이쯔노마니까 아끼까라 후유니 나리마시따네

💬 점점 추워지고 있어요.
だんだん寒くなっています。
단당 사무꾸낫떼 이마스

💬 따뜻한 겨울입니다.
暖冬です。
단또―데스

💬 올 겨울은 유난히 춥네요.
今年の冬は特に寒いですね。
코또시노 후유와 토꾸니 사무이데스네

💬 추위가 많이 누그러졌어요.
寒さが大分和らぎました。
사무사가 다이붕 야와라기마시따

💬 올 겨울은 이상하게 포근하네요.
今年の冬はめずらしく暖かいですね。
코또시노 후유와 메즈라시꾸 아따따까이데스네

💬 지구온난화 때문에 겨울 기온이 점점 올라가고 있어요.
地球温暖化のため冬の気温がだんだん上がっています。
치뀨-온당까노 타메 후유노 키옹가 단당 아갓떼 이마스

💬 얼어붙듯이 추워요.
凍りつくように寒いです。
코-리쯔꾸요-니 사무이데스

💬 살을 에는 듯 추워요.
身を切るように寒いです。
미오 키루요-니 사무이데스

💬 추워서 덜덜 떨려요.
寒くてぶるぶる震えます。
사무꾸떼 부루부루 후루에마스

💬 뼈 속까지 추워요.
骨の髄まで寒いです。
호네노 즈이마데 사무이데스

💬 길이 얼어 있습니다.
道が凍っています。
미찌가 코옷떼 이마스

💬 동장군이 기승을 부리고 있네요.
冬将軍まっさかりですね。
후유쇼-군 맛사까리데스네

💬 저는 추워서 죽겠습니다.
私は寒くてたまりません。
와따시와 사무꾸떼 타마리마셍

💬 저는 겨울에 추위를 많이 타요.
私は寒がりです。
와따시와 사무가리데스

💬 저는 겨울에 감기에 잘 걸려요.
私は冬、風邪をよく引きます。
와따시와 후유 카제오 요꾸 히끼마스

눈

💬 서리가 내렸어요.
霜が降りました。
시모가 후리마시따

💬 함박눈이 내려요.
牡丹雪が降ります。
보땅유끼가 후리마스

💬 이것이 첫눈이군요.
これは初雪ですね。
코레와 하쯔유끼데스네

🔵 눈이 펑펑 내리고 있어요.
雪がこんこんと降っています。
유끼가 콩콘또 훗떼 이마스

🔵 눈보라가 치네요.
吹雪が来てますね。
후부끼가 키떼마스네

💬 눈이 드문드문 내리기 시작했어요.
雪がぽつりぽつりと降り始めました。
유끼가 포쯔리뽀쯔리또 후리하지메마시따

💬 어제부터 내린 대설로 꼼짝달싹 못하고 있다.
昨日からの大雪で身動きがとれなくなっている。
키노-까라노 오-유끼데 미우고끼가 토레나꾸낫떼이루

💬 차가 눈 속에 갇혀 버렸어요.
車が雪の中にとじこめられました。
쿠루마가 유끼노 나까니 토지꼬메라레마시따

일본의 휴일과 명절

우리나라나 중국은 음력 명절을 지내지만,
일본은 음력 명절을 지내지 않는 것이 우리와 가장 큰 차이점이라고
할 수 있습니다.
그리고 만약 명절이나 국경일이 휴일이면, 그 다음 날 휴일로 하는
대체 휴일이 있습니다.

우리나라는 설이나 추석이 가장 큰 명절인데, 일본에서 크게
생각하는 명절이나 국경일은 무엇이 있을까요?
설날(1월 1일)은 보통 3일까지 쉽니다. 그 전 해의 마지막 날인 12월 31
일에 가족 모두 대청소를 하고, 밤에는 소바를 먹습니다. 이때 소바는
긴 국수가락처럼 무병장수를 기원하는 의미가 담겨 있습니다.
새해가 되면 새해 복 많이 받으세요 あけましておめでとうごじます
라고 인사를 하고 절에 가서 참배를 합니다. 절에 가는 것은 종교적
의미는 아니고 일종의 연례행사입니다.

Unit 2 명절&기념일

설날

💬 새해를 맞이하다.
年を越す。/ 迎春。/ 新年を迎える。
토시오 코스 / 게-슌 / 신넹오 무까에루

💬 새해 복 많이 받으세요.
新年おめでとうございます。
신넹 오메데또-고자이마스

新年明けましておめでとうございます。
신넹 아케마시떼 오메데또-고자이마스

💬 새해가 다가온다.
新年が近づいて来る。
신넹가 치까즈이떼 쿠루

💬 새해에도 평안하시고 행복하시기 바랍니다.
新年にも平安で幸せになるように願います。
신넨니모 헤-안데 시아와세니 나루요-니 네가이마스

💬 한국인은 설날에 한 살 더 먹습니다.
韓国人は元旦にひとつ年を取ります。
캉꼬꾸징와 간딴니 히또쯔 토시오 토리마스

💬 우리는 설빔을 입었어요.
私たちはお正月の新しい服を着ていました。
와따시따찌와 오쇼-가쯔노 아따라시- 후꾸오 키떼 이마시따

새해 결심

💬 당신은 새해를 어떻게 맞이했어요?
あなたはどんな新年を迎えましたか。
아나따와 돈나 신넹오 무까에마시따까

💬 신년 결심으로 뭐 세웠어?
何か新年の決心をした？
나니까 신넨노 켓싱오 시따

💬 제 새해 결심은 술을 끊는 거예요.
私の新年の決心は禁酒です。
와따시노 신넨노 켓싱와 킨슈데스

💬 난 새해 결심을 지킬 거야.
私は新年の決心を守るつもりだ。
와따시와 신넨노 켓싱오 마모루 츠모리다

💬 저는 전에 새해 결심을 실천한 적이 없어요.
私は今まで新年の決心を守ったことが一度もありません。
와따시와 이마마데 신넨노 켓싱오 마못따 코또가 이찌도모 아리마셍

💬 이번에야말로 작심삼일이 되지 않도록 해야지.
今度こそ三日坊主にならないようにしないと。
콘도꼬소 믹까보ー즈니 나라나이요ー니 시나이또

크리스마스

💬 크리스마스가 가깝다.
クリスマスが近い。
쿠리스마스가 치까이

💬 크리스마스에 보통 뭐해요?
クリスマスに普通何をしますか。
쿠리스마스니 후쯔- 나니오 시마스까

💬 올해 크리스마스는 목요일이네.
今年のクリスマスは木曜日だね。
코또시노 쿠리스마스와 모꾸요-비다네

💬 우리는 나무를 장식하고 선물을 보내며 크리스마스를 축하했다.
私たちはツリーを飾って贈り物を送ってクリスマスを祝った。
와따시따찌와 츠리-오 카잣떼 오꾸리모노오 오굿떼 쿠리스마스오 이왓따

💬 어린이들은 크리스마스 이브에 양말을 걸어 둡니다.
子供たちはクリスマスイブに靴下を掛けて置きます。
코도모따찌와 쿠리스마스 이부니 쿠쯔시따오 카께떼 오끼마스

💬 기독교인은 크리스마스 예배를 드리러 교회에 간다.

クリスチャンはクリスマスの礼拝^{れいはい}をするために教会^{きょうかい}へ行く。

쿠리스창와 쿠리스마스노 레-하이오 스루 타메니 쿄-까이에 이꾸

💬 크리스마스 트리를 만들자.

クリスマスツリーを作^{つく}りましょう。

쿠리스마스츠리-오 츠꾸리마쇼-

💬 크리스마스 카드를 쓰고 있어요.

クリスマスカードを書^かいています。

쿠리스마스카-도오 카이떼 이마스

💬 크리스마스 선물은 꼭 사야 한다고 생각해요.

クリスマスプレゼントは必^{かなら}ず買^かわなければならないと思^{おも}います。

쿠리스마스 푸레젠토와 카나라즈 카와나께레바 나라나이또 오모이마스

💬 크리스마스 선물이 뭔지 말해 줘.

クリスマスプレゼントが何^{なん}なのか言^いってくれる。

쿠리스마스 푸레젠토가 난나노까 잇떼 쿠레루

💬 난 크리스마스 선물로 새 구두를 받고 싶다.

私^{わたし}はクリスマスプレゼントに新^{あたら}しい靴^{くつ}が欲^ほしい。

와따시와 쿠리스마스 푸레젠토니 아따라시- 쿠쯔가 호시-

생일

💬 오늘이 바로 내 생일이야.
今日がまさに私の誕生日だ。
쿄-가 마사니 와따시노 탄죠-비다

💬 내일이 아키야마 씨 생일인 것 알고 있어요?
明日が秋山さんの誕生日であること知ってますか。
아시따가 아끼야마산노 탄죠-비데아루 코또오 싯떼마스까

💬 오늘이 내 생일인 것 어떻게 알았어?
今日が私の誕生日であることどうして分かったの？
쿄-가 와따시노 탄죠-비데아루 코또 도-시떼 와깟따노

💬 하마터면 여자 친구의 생일을 잊어버릴 뻔 했다.
もうすこしで、彼女[ガールフレンド]の誕生日を忘れるところだった。
모-스꼬시데 카노죠[가-루후렌도]노 탄죠-비오 와스레루 토꼬로닷따

💬 네 생일을 잊어 버려서 미안해.
あなたの誕生日を忘れてごめんね。
아나따노 탄죠-비오 와스레떼 고멘네

💬 우리는 생일이 같은 날이에요.
僕らは同じ誕生日です。
보꾸라와 오나지 탄죠-비데스

💬 내 생일이 일주일 남았다.

私の誕生日が一週間残った。
わたし　たんじょうび　いっしゅうかんのこ

와따시노 탄죠-비가 이찌슈-깐 노꼿따

💬 우리는 생일 케이크에 초를 꽂았다.

私たちは誕生日のケーキにろうそくを挿した。
わたし　　　たんじょうび　　　　　　　　　　　　さ

와따시따찌와 탄죠-비노 케-키니 로-소꾸오 사시따

💬 이번 생일로 난 25살이 된다.

今度の誕生日で私は25歳になる。
こんど　たんじょうび　わたし　　さい

콘도노 탄죠-비데 와따시와 니쥬-고사이니 나루

💬 생일 파티를 위해 예약하려고 하는데요.

誕生日のパーティーのために予約しようと思いますが。
たんじょうび　　　　　　　　　　　　　よやく　　　　　おも

탄죠-비노 파-티-노 타메니 요야꾸시요-또 오모이마스가

💬 사토시 씨를 위해 생일 축하 노래를 불러요.

聡さんのためにハッピーバースデーを歌いましょう。
さとし　　　　　　　　　　　　　　　　　　　　うた

사또시산노 타메니 핫피-바-스데-오 우따이마쇼-

💬 생일 선물로 네가 원하는 건 뭐든지 가져.

誕生日プレゼントであなたが欲しいものは何でもかっていいから。
たんじょうび　　　　　　　　　　　　ほ　　　　　　　なん

탄죠-비 푸레젠토데 아나따가 호시- 모노와 난데모 캇데 이-까라

축하

💬 축하해!

おめでとう!
오메데또-

💬 축하 드립니다!

おめでとうございます!
오메데또-고자이마스

💬 생일 축하합니다!

お誕生日おめでとうございます!
오딴죠-비 오메데또-고자이마스

💬 생일 축하해!

お誕生日おめでとう!
오딴죠-비 오메데또-

ハッピーバースデー!
합삐-바-스데-

💬 결혼 축하해요.

ご結婚おめでとう。
고껫꼰 오메데또-

💬 신의 축복이 있기를!

神様の祝福がありますように!
카미사마노 슈꾸후꾸가 아리마스요-니

祝福します!
슈꾸후꾸시마스

💬 성공을 빌어요.

成功を祈ります。
세-꼬-오 이노리마스

💬 행운을 빌어요.

幸運を祈ります。
코-웅오 이노리마스

💬 분명히 잘될 거예요.

きっとうまくいきますよ。
킷또 우마꾸 이끼마스요

💬 정말 잘됐어요.

本当によかったです。
혼또-니 요깟따데스

💬 힘내세요.

頑張って。
감밧떼

💬 고맙습니다. 당신도요.

ありがとうございます。あなたもよ。
아리가또-고자이마스 아나따모요

💬 고맙습니다. 운이 좋았어요.

ありがとうございます。運がよかったです。
아리가또-고자이마스 웅가 요깟따데스

Unit 3 음주

주량

💬 어느 정도 술을 마십니까?

どのぐらいお酒飲みますか。
도노구라이 오사께 노미마스까

💬 얼마나 술을 마시러 갑니까?

どのぐらい飲みに行きますか。
도노구라이 노미니 이끼마스까

💬 당신은 술이 센가요?

あなたはお酒が強いですか。
아나따와 오사께가 츠요이데스까

💬 넌 술고래야.

あなたはのんべえだ。
아나따와 놈베-다

💬 전 술이 세서 거의 취하지 않아요.

私は酒が強くてあまり酔わないです。
와따시와 사께가 츠요꾸떼 아마리 요와나이데스

💬 저 녀석은 술꾼이야.

あいつは大酒飲みだ。
아이쯔와 오-자께노미다

💬 난 한번 마셨다 하면 끝장을 봐.
一度飲み始めたら死ぬまで飲む方だ。
이찌도 노미하지메따라 시누마데 노무호-다

💬 최근 주량이 늘었어요.
最近お酒の量が増えました。
사이낑 오사께노 료-가 후에마시따

💬 전 맥주에는 잘 안 취해요.
私はビールではあまり酔わないです。
와따시와 비-루데와 아마리 요와나이데스

💬 그는 과음하는 버릇이 있어요.
彼は飲み過ぎる癖があります。
카레와 노미스기루 쿠세가 아리마스

💬 전 술이 약해요.
私は酒が弱いです。
와따시와 사께가 요와이데스

💬 전 술을 못 하는 편입니다.
私はどちらかと言うと「下戸」です。
와따시와 도찌라까또 이우또 게꼬데스

💬 술을 조금만 마셔도 얼굴이 새빨개져요.
お酒を少し飲んでも顔が赤くなります。
오사께오 스꼬시 논데모 카오가 아까꾸 나리마스

💬 한 잔만 마셔도 바로 취해요.
一杯だけ飲んでもすぐ酔います。
잇빠이다께 논데모 스구 요이마스

💬 난 가끔 와인을 조금 마셔요.
私はたまにワインを少し飲みます。
와따시와 타마니 와잉오 스꼬시 노미마스

과음

💬 그는 술 때문에 망했어요.
彼は酒で潰れました。
카레와 사께데 츠부레마시따

💬 그는 술로 건강을 해쳤어요.
彼は酒で健康をくずしました。
카레와 사께데 켕꼬-오 쿠즈시마시따

💬 그는 괴로움을 술로 달래려고 했어요.
彼はつらさを酒でなぐさめようと思いました。
카레와 츠라사오 사께데 나구사메요-또 오모이마시따

💬 술 안 마시고 지나간 날이 하루도 없어요.
酒を飲まない日が一日もありません。
사께오 노마나이 히가 이찌니찌모 아리마셍

💬 술이 지나쳐 곤드레만드레 취했어요.
酒を飲みすぎて酔い潰れました。
사께오 노미스기떼 요이쯔부레마시따

💬 그는 버는 족족 술값으로 나가요.
稼ぎがみんな飲み代に化けます。
카세기가 민나 노미시로니 바께마스

💬 또 술 때문에 말썽을 일으켰어.
また酒のためひと悶着[もめ事]を起こした。
마따 사께노 타메 히또몬짜꾸[모메고또]오 오꼬시따

일본 친구 사귀기

친구 사귀는 데 나이는 상관없어요!
우리는 처음 만나면, 어색하기도 하고 딱히 화제거리가 떠오르지 않을 때 꺼내는 질문이 나이가 어떻게 되느냐는 것입니다.
그렇게 서로의 공통 화제거리를 만들어 보는데요. 이 질문은 실제 외국인에게 상당히 개인적인 것이라 삼가야 합니다. 일본인에게도 마찬가지입니다.
처음 만나는 사이에서 대뜸 나이를 묻는다면, 이상하게 생각할 수도 있습니다. 물론 우리말에는 존댓말이 발달되어 나이를 알아야 상대방에게 말을 높여야 할지, 편하게 할지 판단할 수 있기 때문에 중요한 질문 요소가 되긴 합니다만, 일본어의 존댓말은 나이보다는 관계로 판단하여 사용하므로 굳이 나이를 몰라도 존경을 표해야 한다면 예의를 갖춰 존댓말을 써야겠죠.

술버릇

💬 넌 술버릇 같은 것 있어?
あなた酒癖とかある？
아나따 사께구세또까 아루

💬 그는 술버릇이 나빠요.
彼は酒癖が悪いです。
카레와 사께구세가 와루이데스

💬 술을 마시면 자꾸 웃어.
酒を飲むとよく笑う。
사께오 노무또 요꾸 와라우

💬 난 술을 마실 때마다 울어.
私は酒を飲むたびに泣く。
와따시와 사께오 노무 타비니 나꾸

💬 술 마시고 우는 게 제일 안 좋은 버릇이야.
酒を飲んで泣くのは一番悪い癖だ。
사께오 논데 나꾸노와 이찌방 와루이 쿠세다

💬 넌 취해서 했던 말 또 하고 있잖아.
酔っ払って、また同じことを言っているよ。
욧빠랏떼 마따 오나지 코또오 잇떼 이루요

술에 취함

💬 벌써 꽤 취했어.

かなり[すごく]酔った。
카나리[스고꾸] 옷따

💬 술기운이 도는데.

酒が回ってきた。
사께가 마왓떼 키따

💬 그는 술 한 병을 완전히 비웠다.

彼は酒一本を完全にあけた。
카레와 사께 입뽕오 칸젠니 아께따

💬 그는 맥주를 마시고 취해 버렸다.

彼はビールを飲んで酔ってしまった。
카레와 비-루오 논데 욧떼 시맛따

💬 도대체 얼마나 마신 거야?

一体どれほど飲んだの？
잇따이 도레호도 논다노

💬 나 그렇게 안 취했어.

私はそんなに酔っていない。
와따시와 손나니 욧떼 이나이

💬 어젯밤 술에 곤드레만드레 취했다.

夕べはお酒でべろんべろんに酔った。
유-베와 오사께데 베롬베론니 옷따

💬 그는 취해 뻗어 버렸어요.

彼がよいつぶれてしまった。
카레가 요이쯔부레떼 시맛따

💬 어젯밤 밤새도록 술 마시고 놀았어요.

昨晩、一晩中酒を飲んで遊びました。
사꾸방 히또반쥬- 사께오 논데 아소비마시따

💬 (술을) 많이 마셔서 정신 없이 해롱거렸다.

飲んだくれた。
논다꾸레따

💬 앞뒤도 분간할 수 없이 술에 취했어요.

前後の見境なく酔いつぶれました。
젱고노 미사까이나꾸 요이쯔부레마시따

💬 공복에 술을 마셔서 몹시 취했다.

空きっ腹に酒を飲んでひどくよった。
스낍빠라니 사께오 논데 히도꾸 욧따

💬 그는 혀가 꼬부라지도록 술을 마셨어요.

彼はろれつが回らないほど酒を飲みました。
카레와 로레쯔가 마와라나이호도 사께오 노미마시따

彼は泥酔するまで酒を飲みました。
카레와 데이스이스루마데 사께오 노미마시따

💬 5분 만에 소주 다섯 잔을 비워 버렸어.

5分で焼酎5杯を飲みました。
고훈데 쇼-쥬- 고하이오 노미마시따

술에 대한 중고

💬 그녀에게 술을 마시지 말라고 충고했다.
彼女に酒を飲むなと忠告した。
카노죠니 사께오 노무나또 츄−꼬꾸시따

💬 취하도록 마시지 마.
酔うほど飲むな。
요우호도 노무나

💬 인생을 술로 허송세월 하지 마.
人生を酒で無駄にするな。
진세−오 사께데 무다니 스루나

💬 홧김에 술 마시지 마세요.
腹いせでお酒を飲まないでください。
하라이세데 오사께오 노마나이데 쿠다사이

💬 술 마시고 운전하는 건 위험해.
酒を飲んで運転するのは危険だ。
사께오 논데 운뗀스루노와 키껜다

💬 술을 마시는 건 좋지만 정도가 문제지.
酒を飲むのはいいけど量が問題だ。
사께오 노무노와 이−께도 료−가 몬다이다

술에 대한 기호

💬 한국인은 소주를 무척 즐겨 마십니다.
韓国人は焼酎をとても好んで飲みます。
캉꼬꾸징와 쇼-츄-오 토떼모 코논데 노미마스

💬 한국인들은 술 마실 때 술잔을 돌립니다.
韓国人たちは酒を飲むとき杯を回します。
캉꼬꾸징따찌와 사께오 노무 또끼 하이오 마와시마스

💬 전 맥주를 그다지 좋아하지 않아요.
私はビールがあまり好きじゃないです。
와따시와 비-루가 아마리 스끼쟈나이데스

💬 그는 스카치 위스키라면 사족을 못 쓰죠.
彼はスコッチとなると目がないです。
카레와 스콧치토나루또 메가 나이데스

💬 김 빠진 맥주는 마시고 싶지 않아.
気の抜けたビールは飲みたくない。
키노 누께따 비-루와 노미따꾸나이

💬 그녀는 맥주를 병째 마시는 것을 좋아해요.
彼女はビールのラッパ飲みが好きです。
카노죠와 비-루노 랍빠노미가 스끼데스

204

금주

💬 난 이제 술 끊을 거야.
私はもう酒をやめるつもりだ。
와따시와 모- 사께오 야메루 츠모리다

💬 그는 더 이상 술을 마시지 않아.
彼はもうこれ以上酒を飲まない。
카레와 모- 코레 이죠- 사께오 노마나이

💬 전 금주 중입니다.
私は禁酒中です。
와따시와 킨슈쮸-데스
私は断酒中です。
와따시와 단슈쮸-데스

💬 전 술을 끊어서 더 이상 마시지 않습니다.
私は酒をやめたので二度と飲みません。
와따시와 사께오 야메따노데 니도또 노미마셍

💬 다음 주부터 술을 끊기로 했습니다.
来週からお酒をやめることにしました。
라이슈-까라 오사께오 야메루 코또니 시마시따

💬 어떤 일이 있어도 술은 입에 대지 않아요.
何があっても酒は飲みません。
나니가 앗떼모 사께와 노미마셍

💬 술을 끊게 하지 그래요?
お酒をやめたんですか。
오사케오 야메딴데스까

술 관련 기타

💬 술은 입에도 대지 않아요.
酒は一切飲んでいません。
사께와 잇사이 논데 이마셍

💬 입만 댈게요.
飲むふりだけするよ。
노무후리다께스루요

💬 숙취는 없나요?
二日酔いはありませんか。
후쯔까요이와 아리마셍까

💬 숙취로 머리가 아파요.
二日酔いで頭痛がします。
후쯔까요이데 토-쯔-가 시마스

💬 숙취에서 깨어났어요.
二日酔いが覚めました。
후쯔까요이가 사메마시따

💬 술을 마시니 정신이 자유로워지네요.
酒を飲んで気が楽になりました。
사께오 논데 키가 라꾸니 나리마시따

💬 빈속에 술을 마셨어요.
空腹に酒を飲みました。
쿠-후꾸니 사께오 노미마시따
空きっ腹に酒を飲みました。
스낍빠라니 사께오 노미마시따

💬 넌 분위기 망치는 데 뭐 있어.
お前は雰囲気を台無しにする。
오마에와 훙이끼오 다이나시니 스루

💬 술 마시고 싶은 것을 꾹 참았어요.
酒を飲みたいのをぐっとこらえました。
사께오 노미따이노오 굿또 코라에마시따

💬 이번엔 빼 줘. 더 이상은 못 마시겠어.
今度はかんべんしてくれ。これ以上は飲めないよ。
콘도와 캄벤시떼 쿠레 코레이죠-와 노메나이요

💬 술김에 한 소리였어요.
よった勢いでした話でした。
욧따 이끼오이데 시따 하나시데시따

💬 마지막으로 술 마시러 간 것이 언제야?
最後に飲みに行ったのはいつ？
사이고니 노미니 잇따노와 이쯔

💬 그것은 술이 없는 파티야.
それは酒のないパーティーだ。
소레와 사께노 나이 파-티-다

💬 자기 전에 한 잔 마시면 푹 잘 수 있을 거예요.
寝る前に1杯飲めばぐっすり寝られると思います。
네루 마에니 입빠이 노메바 굿스리 네라레루또 오모이마스

💬 위스키 몇 잔 마시면 괜찮아질 거야.
ウィスキーを何杯か[少し]飲めばよくなると思うよ。
위스키-오 남바이까[스꼬시] 노메바 요꾸 나루또 오모우요

💬 소량의 술은 오히려 약이 되요.
少量の酒はむしろ薬になります。
쇼-료-노 사께와 무시로 쿠스리니 나리마스

💬 내가 술상을 차릴게요.
私が酒を準備します。
와따시가 사께오 쥰비시마스

Unit 4 흡연

흡연

💬 담배 한 대 피우시겠어요?
タバコ一本(いっぽん)いかがですか。
타바코 입뽕 이까가데스까

💬 하루에 어느 정도 피웁니까?
一日(いちにち)どのくらい吸(す)いますか。
이찌니찌 도노쿠라이 스이마스까

💬 여기에서 담배 피워도 될까요?
ここでタバコを吸(す)ってもいいですか。
코꼬데 타바코오 슷떼모 이-데스까

💬 그는 습관적으로 담배를 피워요.
彼(かれ)は習慣的(しゅうかんてき)にタバコを吸(す)います。
카레와 슈-깐떼끼니 타바코오 스이마스

💬 그는 골초예요.
彼(かれ)はタバコ好(ず)きです。
카레와 타바코즈키데스
彼(かれ)はヘビースモーカーです。
카레와 헤비-스모-카-데스

💬 난 담배를 그다지 많이 피우지 않아요.
私(わたし)はタバコをあまり多(おお)くは吸(す)いません。
와따시와 타바코오 아마리 오-꾸와 스이마셍

💬 한 대 태우자.

一服しよう。
입뿌꾸 시요-

💬 담배 생각이 간절한데요.

タバコが無性に吸いたいです。
타바코가 무쇼-니 스이따이데스

💬 담배를 피우는 습관이 생겼어요.

タバコを吸う習慣がつきました。
타바코오 스우 슈-깐가 츠끼마시따

💬 난 담배를 피울 때 연기를 들이마시지 않아요.

私はタバコを吸うとき煙を吸いません。
와따시와 타바코오 스우 토끼 케무리오 스이마셍

숫자 + 本

一本(いっぽん)　　二本(にほん)
三本(さんぼん)　　四本(よんほん)
五本(ごほん)　　　六本(ろくほん)
七本(しちほん)　　八本(はちほん)
九本(きゅうほん)　十本(じっぽん)

담배

💬 담배 좀 빌려도 될까요?

タバコちょっともらってもいいですか。
타바코 춋또 모랏떼모 이-데스까

💬 담뱃불 좀 빌려도 될까요?

タバコの火、ちょっと貸していただけますか。
타바코노 히 춋또 카시떼 이따다께마스까

💬 담배 좀 꺼 주시겠어요?

タバコちょっと消してくださいませんか。
타바코 춋또 케시떼 쿠다사이마셍까

💬 그는 내게 담배를 권했다.

彼は私にタバコを勧めた。
카레와 와따시니 타바코오 스스메따

💬 담배의 유혹을 이기지 못했어요.

タバコの誘惑に勝てませんでした。
타바코노 유-와꾸니 카떼마센데시따

💬 난 담배 피우는 사람 옆에 앉는 것을 아주 싫어해요.

私は、タバコを吸う人の隣に座りたくありません。

와따시와 타바코오 스우 히또노 토나리니 스와리따꾸 아리마셍

💬 담배 한 갑에는 20개피 들어 있어요.

タバコ一箱二十本入ります。

타바코 히또하꼬 니쥬뽕 이리마스

💬 담배는 일종의 마약입니다.

タバコは一種の麻薬です。

타바코와 잇슈노 마야꾸데스

💬 흡연은 건강에 해로워요.

喫煙は健康に悪いです。

키쯔엥와 켕꼬-니 와루이데스

💬 담배가 해롭다는 건 누구나 알고 있습니다.

タバコが悪いことは誰もが知っている事実です。

타바코가 와루이 코또와 다레모가 싯떼 이루 지지쯔데스

💬 식사 중에 담배는 실례예요.

食事中のタバコは失礼です。

쇼꾸지쮸-노 타바코와 시쯔레-데스

💬 담배 꽁초를 함부로 버리지 마세요.

吸殻をむやみに捨てないでください。

스이가라오 무야미니 스떼나이데 쿠다사이

💬 담배 꽁초는 꼭 재떨이에만 버리세요.

吸殻は必ず灰皿に捨ててください。
스이가라와 카나라즈 하이자라니 스떼떼 쿠다사이

💬 담배를 끄지 않은 채로 재떨이에 두지 마세요.

タバコを消さないまま灰皿に置かないでください。
타바코오 케사나이마마 하이자라니 오까나이데 쿠다사이

금연

💬 금연구역.

禁煙エリア。
킹엔 에리아

💬 이곳은 금연이에요.

ここは禁煙です。
코꼬와 킹엔데스

ここは禁煙になっています。
코꼬와 킹엔니 낫떼 이마스

💬 이 건물은 금연 빌딩이에요.

ここは禁煙のビルです。
코꼬와 킹엔노 비루데스

💬 그는 담배를 피우지 않아요.
彼はタバコを吸いません。
카레와 타바코오 스이마셍

💬 담배를 끊기로 결심했어.
私はタバコをやめると決心した。
와따시와 타바코오 야메루또 켓신시따

💬 난 담배를 끊을 거야.
私はタバコをやめるつもりだ。
와따시와 타바코오 야메루 츠모리다

💬 난 담배를 완전히 끊었어.
私はタバコを完全にやめた。
와따시와 타바코오 칸젠니 야메따

💬 난 담배를 줄이려고 노력하는데 잘 안 되네요.
私はタバコを減らそうとしてもうまくいきません。
와따시와 타바코오 헤라소-또시떼모 우마꾸 이끼마셍

💬 담배를 끊기는 어려워요.
タバコをやめるのは難しいです。
타바코오 야메루노와 무즈카시-데스

💬 난 담배를 하루 한 개피로 줄였어요.
私はタバコを一日一本に減らしました。
와따시와 타바코오 이찌니찌 입뽄니 헤라시마시따

💬 그를 설득해서 담배를 끊게 했어요.
彼を説得してタバコをやめさせました。
카레오 셋또구시떼 타바코오 야메사세마시따

💬 그는 담배를 완전히 끊어야 해.
彼はタバコを完全にやめるべきです。
카레와 타바코오 칸젠니 야메루베끼데스

💬 담배는 일단 습관이 되면 끊기 어려워요.
タバコはいったん習慣になればやめられません。
타바코와 잇땅 슈-깐니 나레바 야메라레마셍

Unit 5 취미

취미 묻기

💬 취미가 뭐예요?
趣味は何ですか。
슈미와 난데스까

💬 취미가 있습니까?
趣味がありますか。
슈미가 아리마스까

💬 소일거리로 뭘 하세요?
暇つぶしに何をしますか。
히마쯔부시니 나니오 시마스까

💬 한가할 때는 뭘 하세요?
暇な時は何をしますか。
히마나 토끼와 나니오 시마스까

💬 기분전환으로 뭘 하세요?
気分転換に何をしますか。
키분뗑깐니 나니오 시마스까
気晴らしにどんなことをなさいますか。
키바라시니 돈나 코또오 나사이마스까

💬 어떤 것에 흥미를 갖고 계신가요?
どんな事に興味を持っていますか。
돈나 코또니 쿄-미오 못떼 이마스까

취미 대답하기

💬 저는 취미가 다양해요.
私はいろいろな趣味を持っています。
와따시와 이로이로나 슈미오 못떼 이마스

💬 특별한 취미는 없어요.
特別な趣味はありません。
토꾸베쯔나 슈미와 아리마셍

💬 그는 별난 취미가 있어요.
彼はおもしろい趣味を持っています。
카레와 오모시로이 슈미오 못떼 이마스

💬 난 그런 일에는 취미가 없어.
私はそんな事に興味がない。
와따시와 손나 코또니 쿄-미가 나이

💬 그냥 집에 있어요.
ただ家にいます。
타다 이에니 이마스

💬 우리는 취미에 공통점이 많네요.
私たちは趣味に共通点が多いですね。
와따시따찌와 슈미니 쿄-쯔-뗑가 오-이데스네

💬 같은 취미를 갖고 있는 사람들과 동아리를 만들었다.
同じ趣味を持った人たちとサークルを作った。
오나지 슈미오 못따 히또따찌또 사-쿠루오 츠꿋따

💬 왠지 뭘 해도 오래 지속하지 못해요.
私は何をするにも長く続きません。
와따시와 나니오 스루니모 나가꾸 츠즈끼마셍

💬 취미는 있지만, 일이 바빠서 여유가 없어요.
趣味はあるけど、仕事が忙しくてそれどころじゃないよ。
슈미와 아루께도 시고또가 이소가시꾸떼 소레도꼬로쟈나이요

사진

💬 사진 촬영은 제 취미 중 하나예요.
写真撮影は私の趣味の一つです。
샤신사쯔에-와 와따시노 슈미노 히또쯔데스

💬 최근, 인물사진 찍기에 흥미를 가지기 시작했다.
最近、人物写真を撮ることに興味を持ち始めた。
사이낑 짐부쯔샤싱오 토루 코또니 쿄-미오 모찌하지메따

💬 집에 암실이 있어요.
家に暗室があります。
이에니 안시쯔가 아리마스

💬 밤하늘에 떠 있는 별을 찍는 것은 재미있습니다.
夜空の星を撮るのはおもしろいです。
요조라노 호시오 토루노와 오모시로이데스

💬 어떤 종류의 카메라를 갖고 있어요?
どんな種類のカメラを持っていますか。
돈나 슈루이노 카메라오 못떼 이마스까

💬 내 카메라는 초점도 노출도 전혀 맞출 필요가 없다.
私のカメラはピントも露出もあわせる必要がない。
와따시노 카메라와 핀토모 로슈쯔모 아와세루 히쯔요-가 나이

스포츠

💬 무슨 스포츠를 좋아하세요?

どんなスポーツが好きですか。
돈나 스포-츠가 스끼데스까

💬 스포츠라면 어떤 종류든 좋아해요.

スポーツならどんな種類でも好きです。
스포-츠나라 돈나 슈루이데모 스끼데스

💬 스포츠는 무엇이든 해요.

運動なら何でもできます。
운도-나라 난데모 데끼마스

💬 저는 스포츠광이에요.

私はスポーツマニアです。
와따시와 스포-츠마니아데스

💬 그는 만능 스포츠맨이에요.

彼はスポーツ万能です。
카레와 스포-츠반노-데스

💬 어떤 스포츠라도 서툴러요.

どんな運動も下手です。
돈나 운도-모 헤따데스
運動は全て苦手です。
운도-와 스베떼 니가떼데스

💬 스포츠는 하는 것보다 보는 것을 좋아해요.

スポーツはするより見る方が好きです。
스포-츠와 스루요리 미루 호-가 스끼데스

💬 운동신경이 굉장히 좋아 보이네요.

すごく運動神経が良さそうに見えますね。
스고꾸 운도-싱께-가 요사소-니 미에마스네

💬 운동신경이 둔해요.

運動神経が鈍いです。
운도-싱께가 니부이데스

💬 이제부터 운동할 거예요.

これから運動をしようと思います。
코레까라 운도-오 시요-또 오모이마스

💬 요즘 운동부족이에요.

このところ運動不足です。
코노또꼬로 운도-부소꾸데스

💬 건강을 위해 매일 걷고 있어요.

健康のために毎日歩いています。
켕꼬-노 타메니 마이니찌 아루이떼 이마스

💬 최근 조깅을 시작했어요.

最近ジョギングを始めました。
사이낑 죠깅구오 하지메마시따

🔵 서녘에 산보하는 것을 일과로 하고 있어요.

夕方の散歩を日課にしています。

유-가따노 삼뽀- 닉까니 시떼 이마스

💬 강변을 따라 인라인 스케이트를 타요.

川沿いでインラインスケートをします。

카와조이데 인라인스케-토오 시마스

💬 요가를 계속할 생각이에요.

ヨガを続けるつもりです。

요가오 츠즈께루 츠모리데스

💬 저는 태권도 3단이에요.

私はテコンドー三段です。

와따시와 테콘도- 산단데스

💬 여름 스포츠 중에서는 수영을 제일 좋아해요.

夏のスポーツでは、水泳が一番好きです。

나쯔노 스포-츠데와 스이에-가 이찌방 스끼데스

💬 매년 여름이면 바다 수영을 즐겨요.

毎年夏には、海で泳ぐことが楽しみです。

마이또시 나쯔니와 우미데 오요구 코또가 타노시미데스

💬 특기는 배영이에요.

特技は背泳ぎです。

토구기와 세오요기데스

💬 저는 개헤엄밖에 못 해요.
私は犬かきしかできません。
와따시와 이누까끼시까 데끼마셍

💬 저는 수영을 전혀 못 해요.
私は水泳が全然できません。
와따시와 스이에ー가 젠젱 데끼마셍
私は水泳がまったくできません。
와따시와 스이에ー가 맛따꾸 데끼마셍

💬 저는 맥주병이에요.
私はカナヅチです。
와따시와 카나즈찌데스

💬 우리 가족은 매년 여름 래프팅하러 가요.

私の家族は毎年夏にラフティングをしに行きます。

와따시노 카조꾸와 마이또시 나쯔니 라후팅구오 시니 이끼마스

💬 겨울이 되면 매주 스키를 타러 가요.

冬になると毎週スキーに行きます。

후유니 나루또 마이슈- 스키-니 이끼마스

💬 전 스노보드 광이에요.

私はスノーボードマニアです。

와따시와 스노-보-도마니아데스

💬 낚시가 지금 크게 유행하고 있어요.

釣りが今すごく流行っています。

츠리가 이마 스고꾸 하얏떼 이마스

💬 예전부터 산을 좋아했어요.

以前から山が好きです。

이젱까라 야마가 스끼데스

구기 스포츠

💬 요즘 테니스에 빠져 있습니다.
最近テニスにはまってます。
사이낑 테니스니 하맛떼마스

💬 언젠가 같이 치러 가죠.
いつか一緒にやりましょう。
이쯔까 잇쑈니 야리마쇼-

💬 TV 야구 중계를 자주 봐요.
テレビの野球中継をたびたび見ます。
테레비노 야규- 쮸-께-오 타비따비 미마스

💬 야구팀에서 3루수를 맡고 있어요.
野球チームでの守備はサードです。
야규- 치무데노 슈비와 사-도데스

💬 그 선수 타율은?
その選手の打率は？
소노 센슈노 다리쯔와

💬 지금 몇 회예요?
今何回ですか。
이마 낭까이데스까

💬 만루예요.
満塁です。
만루이데스

💬 지금 어느 쪽이 이기고 있어?
今どっちが勝ってるの？
이마 돗찌가 캇떼루노

💬 어제 우리 팀이 2대 0으로 이겼어요.
昨日私のチームが二対ゼロで勝ちました。
키노- 와따시노 치-무가 니타이 제로데 카찌마시따

💬 경기는 무승부로 끝났어요.
競技は引き分けで終わりました。
쿄-기와 히끼와께데 오와리마시따

스포츠 관련 어휘

サッカー 축구	バレーボール 배구
野球(やきゅう) 야구	バスケットボール 농구
卓球(たっきゅう)=ピンポン 탁구	
バドミントン 배드민턴	ラグビー 럭비
陸上(りくじょう) 육상	マラソン 마라톤
アイスホッケー 아이스 하키	スキー 스키
ボクシング 권투	剣道(けんどう) 검도
柔道(じゅうどう) 유도	レスリング 레슬링
ボーリング 볼링	水泳(すいえい) 수영
ゴルフ 골프	エアロビクス 에어로빅

💬 야구는 어느 팀 팬이에요?
野球はどこのチームのファンですか。
야규-와 도코노 치-무노 환데스까

💬 요즘 골프에 빠져 있어요.
最近ゴルフにはまっています。
사이낑 고루후니 하맛떼이마스

💬 골프가 왜 즐거운지 모르겠어요.
ゴルフの何が楽しいのか、分かりません。
고루후노 나니가 타노시-노까 와까리마셍

💬 그의 골프열도 상당히 중증인 걸.
彼のゴルフ熱も相当重症だね。
카레노 고루후네쯔모 소-또- 쥬-쇼-다네

💬 전 축구팀의 후보선수를 맡고 있어요.
私はサッカーチームのほけつです。
와따시와 삭카-치-무노 호께쯔데스
私はサッカーチームのベンチウォーマーです。
와따시와 삭카-치-무노 벤치워-마-데스

💬 어제 축구 경기는 상당히 접전이었어요.
昨日のサッカーゲームはものすごい接戦でした。
키노-노 삭카-게-무와 모노스고이 셋센데시따

💬 어느 축구팀을 응원하세요?
どのサッカーチームを応援しますか。
도노 삭카-치-무오 오-엔시마스까

💬 축구는 내 관심사가 아니에요.
私はサッカーに興味がありません。
와따시와 삭카-니 쿄-미가 아리마셍

음악 감상

💬 어떤 음악을 좋아하세요?
どんな音楽が好きですか。
돈나 옹가꾸가 스끼데스까

💬 음악이라면 어떤 것이든 즐겨 들어요.
音楽なら何でもよく聞きます。
옹가꾸나라 난데모 요꾸 키끼마스

💬 특히 클래식을 좋아합니다.
特にクラシックが好きです。
토꾸니 쿠라식쿠가 스끼데스

💬 시간이 날 때는 팝 음악을 들어요.
時間がある時はポップミュージックを聞きます。
지깡가 아루 토끼와 폽푸뮤-직쿠오 키끼마스

💬 좋아하는 가수는 누구예요?
好きな歌手は誰ですか。
스끼나 카슈와 다레데스까

💬 그녀의 시디는 거의 가지고 있어요.
彼女のCDはほとんど持っています。
카노죠노 시-디-와 호톤도 못떼 이마스

💬 아라시의 콘서트를 빠지지 않고 갔었어요.
嵐のコンサートはもれなく行きました。
아라시노 콘사-토와 모레나꾸 이끼마시따
嵐のコンサートは全て行きました。
아라시노 콘사-토와 스베떼 이끼마시따

악기 연주

💬 악기를 다룰 줄 아세요?
楽器を弾けますか。
각끼오 히께마스까
何か楽器を演奏できますか。
나니까 각끼오 엔소-데끼마스까

💬 피아노를 조금 칩니다.
ピアノを少し弾きます。
피아노오 스꼬시 히끼마스

💬 열 살 때부터 바이올린을 치고 있어요.

10歳の時からバイオリンを弾いています。

쥿사이노 토끼까라 바이오링오 히이떼 이마스

💬 어렸을 때 10년간 피아노를 쳤어요.

小さい時10年間ピアノを習いました。

치-사이 토끼 쥬-넹깡 피아노오 나라이마시따

💬 취미로 기타를 배우고 있어요.

趣味でギターを習っています。

슈미데 기타-오 나랏떼 이마스

💬 기타를 독학으로 배웠습니다.

ギターを独学で学びました。

기타-오 도꾸가꾸데 마나비마시따

💬 피아노도 기타도 배워 봤지만 어느 것도 제대로 되지 않았어요.

ピアノもギターも手をつけましたがどれもものになりませんでした。

피아노모 기타-모 테오 츠께마시따가 도레모 모노니 나리마센데시따

영화 감상

💬 영화 보기를 좋아합니다.
映画見ることが好きです。
에-가 미루 코또가 스끼데스

💬 난 영화광입니다.
私は映画マニアです。
와따시와 에-가 마니아데스

💬 어떤 영화를 좋아하세요?
どんな映画が好きですか。
돈나 에-가가 스끼데스까

💬 저는 미스터리 영화, 특히 탐정물을 좋아해요.
私はミステリー映画、特に探偵ものが好きです。
와따시와 미스테리-에-가 토꾸니 탄떼-모노가 스끼데스

💬 공포 영화를 자주 봅니다.
ホラー映画をたびたび見ます。
호라- 에-가오 타비따비 미마스

💬 최루성 영화를 가장 좋아해요.
悲しい映画が一番好きです。
카나시- 에-가가 이찌방 스끼데스

💬 외국 영화보다 우리나라 영화를 더 좋아해요.
外国映画より国内の映画がもっと好きです。
가이꼬꾸 에ー가요리 코꾸나이노 에ー가가 못또 스끼데스

💬 그 영화를 다섯 번 이상 봤어요.
あの映画を5回以上見ました。
아노 에ー가오 고까이 이죠ー 미마시따

💬 굉장히 무서운 영화여서 그날 밤에는 잠을 잘 수 없었어요.
とても怖い映画だったのでその夜はよく眠れませんでした。
토떼모 코와이 에ー가닷따노데 소노 요루와 요꾸 네무레마센데시따

💬 지금까지 가장 좋았던 영화는 "반지의 제왕"입니다.
今まで一番好きだった映画は「ロードオブザリング」です。
이마마데 이찌방 스끼닷따 에ー가와 「로ー도오부자링구」데스

💬 그 영화의 주연은 누구인가요?
あの映画の主演は誰ですか。
아노 에ー가노 슈엥와 다레에스까

💬 그녀가 주연한 영화는 모두 봤어요.
彼女が主演の映画は全部見ました。
카노죠가 슈엔노 에ー가와 젬부 미마시따

💬 좋아하는 남자 배우, 여자 배우는 누구입니까?
好きな男優、女優は誰ですか。
스끼나 당유ー 죠유ー와 다레데스까

💬 전에 키무라타쿠야 주연의 "히어로"를 보고 감동 받았습니다.
前に木村拓哉主演の「ヒーロー」を見て感動しました。
마에니 키무라따꾸야 슈엔노 「히-로-」오 미떼 간도-시마시따

극장 가기

💬 영화 보러 자주 가세요?
よく、映画を見に行きますか。
요꾸 에-가오 미니 이끼마스까

💬 한 달에 두세 편은 봐요.
一ヶ月に二つか三つは見ます。
익까게쯔니 후따쯔까 밋쯔와 미마스

💬 저는 좀처럼 극장에 가지 않아요.
私はめったに映画館に行けません。
와따시와 멧따니 에-가간니 이께마셍

💬 극장에 가기보다 TV 영화 보는 것을 좋아합니다.
映画館に行くよりテレビの映画を見る方が好きです。
에-가깐니 이꾸요리 테레비노 에-가오 미루 호-가 스끼데스

💬 한동안 영화를 보지 못했어요.
しばらく映画を見ませんでした。
시바라꾸 에-가오 미마센데시따

💬 오늘 밤에 영화 보러 가자.
今夜、映画見に行こうよ。
콩야 에-가 미니 이꼬-요

💬 지금 극장에서 뭐 하지?
今映画館で何をやってる？
이마 에-가깐데 나니오 얏떼루

💬 지금 어떤 영화를 합니까?
今どんな映画をやっていますか。
이마 돈나 에-가오 얏떼 이마스까

독서

💬 제 취미는 소설 읽기예요.
私の趣味は小説を読むことです。
와따시노 슈미와 쇼-세쯔오 요무 코또데스

💬 저는 책벌레예요.
私は本の虫です。
와따시와 혼노 무시데스

💬 한가할 땐 독서로 시간을 보내요.
暇なとき読書で時間をつぶします。
히마나 토끼 도꾸쇼데 지깡오 츠부시마스

💬 한 달에 몇 권이나 읽으세요?
一ヶ月に何冊ぐらい読みますか。
익까게쯔니 난사쯔구라이 요미마스까

💬 최근 바빠서 책을 읽은 시간이 없습니다.
最近忙しくて本を読む時間がありません。
사이낑 이소가시꾸떼 홍오 요무 지깡가 아리마셍

💬 어떤 책을 즐겨 읽으세요?
どんな本をよく読みますか。
돈나 홍오 요꾸 요미마스까

💬 책을 많이 읽으세요?
本をたくさん読みますか。
홍오 타꾸상 요미마스까

💬 가장 좋아하는 장르는 무엇입니까?
一番好きなジャンルは何ですか。
이찌방 스끼나 쟝루와 난데스까

💬 저는 손에 잡히는 대로 읽는 편이에요.
私は手当たり次第に読む方です。
와따시와 테아따리시다이니 요무 호-데스

💬 일 년에 50권 이상 읽어요.
一年に50冊以上読みます。
이찌넨니 고줏사쯔 이죠- 요미마스

💬 탐정 소설을 아주 좋아해요.
探偵小説がとても好きです。
탄떼- 쇼-세쯔가 토떼모 스끼데스

💬 최근에는 로맨스 소설에 빠져 있어요.
最近は恋愛小説にはまっています。
사이낑와 렝아이 쇼-세쯔니 하맛떼 이마스

💬 소설보다는 시를 좋아해요.
小説よりも詩が好きです。
쇼-세쯔요리모 시가 스끼데스

💬 영문학에 흥미를 가지고 있어요.
英文学に興味を持っています。
에-붕가꾸니 쿄-미오 못떼 이마스

💬 좋아하는 작가는 누구인가요?
好きな作家は誰ですか。
스끼나 삭까와 다레데스까

💬 무라카미 하루키를 가장 좋아해요.
村上春樹が一番好きです。
무라까미하루끼가 이찌방 스끼데스

💬 그의 작품은 모두 읽었습니다.
彼の作品は全部読みました。
카레노 사꾸힝와 젬부 요미마시따

💬 최근, 연예인들의 에세이가 화제입니다.
最近、芸能人たちのエッセーが話題です。
사이낑 게-노-진따찌노 엣세-가 와다이데스

💬 "Casa"를 정기구독하고 있어요.
「Casa」を定期購読しています。
「카사」오 테이끼 코-도꾸시떼 이마스

💬 이 책에서 큰 감동을 받았어요.
この本を読んでとても感動しました。
코노 홍오 욘데 토떼모 칸도-시마시따

십자수

💬 그녀는 십자수 놓기를 즐겨요.

彼女はクロスステッチを楽しみます。
카노죠와 쿠로스스텟치오 타노시미마스

💬 십자수는 재주가 없어요.

クロスステッチは上手ではありません。
쿠로스스텟치와 죠-즈데와 아리마셍

クロスステッチをする才能がありません。
쿠로스스텟치오 스루 사이노-가 아리마셍

💬 새로운 십자수 패턴을 찾고 있어요.

新しいクロスステッチのパターンを探しています。
아따라시- 쿠로스스텟치노 파타-ㅇ오 사가시떼 이마스

💬 이 패턴은 십자수에 적용할 수 있겠네요.

このパターンはクロスステッチに適用できます[いかせます]よね。
코노 파타-ㅇ와 쿠로스스텟치니 테끼요-데끼마스[이까세마스]요네

💬 아야세 씨는 십자수로 수놓은 초상화를 가지고 있어요.

綾瀬さんはクロスステッチで刺繡した肖像画を持っています。
아야세상와 쿠로스스텟치데 시슈-시따 쇼-조-가오 못떼 이마스

수집

💬 무엇을 수집하고 있습니까?
何を集めていますか。
나니오 아쯔메떼 이마스까

💬 우표수집을 시작한 지 얼마나 되었나요?
切手収集を始めて、どれぐらいになりますか。
킷떼슈-슈-오 하지메떼 도레구라이니 나리마스까

💬 전 세계의 동전을 모으고 있어요.
世界中のコインを集めています。
세까이쥬-노 코잉오 아쯔메떼 이마스

💬 제 동전 컬렉션은 아직 조금 밖에 안 되요.
私のコインコレクションはまだほんのわずかです。
와따시노 코잉코레쿠숑와 마다 혼노와즈까데스

💬 골동품을 모으기 시작한 것은 작년부터예요.
骨董品を集め始めたのは去年からです。
콧또-힝오 아쯔메하지메따노와 쿄넹까라데스

💬 어렸을 때부터 우표를 모으고 있어요.
小さい時から切手を集めています。
치-사이 토끼까라 킷떼오 아쯔메떼 이마스

Unit 0 애완동물

애완동물

💬 동물 기르는 것을 좋아해요.
動物を飼うのが好きです。
도-부쯔오 카우노가 스끼데스

💬 어떤 애완동물을 기르고 있습니까?
どんなペットを飼っていますか。
돈나 펫토오 캇떼 이마스까

💬 어렸을 때 애완동물 길러봤어요?
小さい時ペット飼ったことがありますか。
치-사이 토끼 펫토 캇따 코또가 아리마스까

💬 어떤 종류의 애완동물을 기르고 싶어요?
どんな種類のペットを飼いたいですか。
돈나 슈루이노 펫토오 카이따이데스까

💬 애완동물로 뭐가 좋을까, 강아지? 아니면 새끼 고양이?
ペットで何がいいかな、子犬？それとも子猫？
펫토데 나니가 이-까나 코이누 소레또모 코네꼬

💬 동물 기르는 일은 여간 힘든 일이 아니에요.
動物を飼うことは、簡単なことではないです。
도-부쯔오 카우 코또와 칸딴나 코또데와 나이데스

240

💬 오늘 공원에 버려진 고양이를 발견했어요.

今日公園に捨てられた猫を見つけました。
쿄- 코-엔니 스떼라레따 네꼬오 미쯔께마시따

💬 부모님은 개 키우는 것을 허락하지 않아요.

両親は犬を飼うことをゆるしません。
료-싱와 이누오 카우 코또오 유루시마셍

💬 개를 키우고 싶지만, 아파트에 살고 있어서 키울 수 없어요.

犬を育てたいのですけど、アパートに住んでいるので飼ってられません。
이누오 소다떼따이노데스께도 아파-토니 슨데 이루노데 캇떼라레마셍

💬 죄송합니다만, 애완동물은 출입금지입니다.

すみませんが、ペットは出入り禁止です。
스미마셍가 펫토와 데이리킨시데스

💬 이곳은 애완동물 데려와도 되나요?

ここはペットをつれて来てもいいですか。
코꼬와 펫토와 츠레떼 키떼모 이-데스까

💬 애완동물 기르기는 아이들에게 책임감을 가르쳐 줍니다.

ペットを飼うことは子供たちに責任感を教えてくれます。
펫토오 카우 코또와 코도모따찌니 세끼닝깡오 오시에떼 쿠레마스

애완동물 - 개

💬 개와 산책하는 것은 즐겁습니다.
犬と散歩することは楽しみです。
이누또 삼뽀스루 코또와 타노시미데스

💬 매일 저녁 개를 데리고 산보를 나가요.
毎日夕方、犬をつれて散歩に行きます。
마이니찌 유—가따 이누오 츠레떼 삼뽀니 이끼마스

💬 난 강아지를 쓰다듬고 있었어요.
私は子犬を撫でていました。
와따시와 코이누오 나데떼 이마시따

💬 난 강아지에게 먹이를 주고 있었어요.
私は子犬に餌をあげていました。
와따시와 코이누니 에사오 아게떼 이마시따

💬 그 강아지 제가 길러도 돼요?
その子犬、私が飼ってもいいですか。
소노 코이누 와따시가 캇떼모 이—데스까

💬 난 강아지에게 "케니"라고 이름을 지었다.
私は子犬に「ケニー」と名前をつけました。
와따시와 코이누니 「케니—」또 나마에오 츠게마시따

💬 해피라고 하는 개를 키우고 있어요.
「ハピー」と言う犬を飼っています。
「하피—」또 이우 이누오 캇떼 이마스

💬 다섯 살 난 잡종개를 키우고 있어요.
5歳の雑種犬を飼っています。
고사이노 잣슈이누오 캇떼 이마스

💬 우리 개는 온순해요.
私の犬はおとなしいです。
와따시노 이누와 오또나시―데스

💬 우리 강아지는 낯선 사람에게 달려들어 물어요.
私の子犬はしらない人に噛み付きます。
와따시노 코이누와 시라나이 히또니 카미쯔끼마스

💬 휴가 동안 제 강아지를 돌봐 줄 사람이 필요합니다만.
休みの間、私の子犬を世話をしてくれる人が必要ですけど。
야스미노 아이다 와따시노 코이누오 세와오 시떼 쿠레루 히또가 히쯔요―데스께도

💬 우리 개는 그 소년을 킁킁거리며 냄새를 맡았다.
私の犬はあの少年のにおいをくんくんかいだ。
와따시노 이누와 아노 쇼―넨노 니오이오 쿵쿵 카이다

💬 그의 개는 아무데나 대소변을 본다.
彼の犬はどこでも大小便をする。
카레노 이누와 도꼬데모 다이쇼―벵오 스루

💬 이 강아지는 잘 길들여져 있어요.
この子犬はよくてなずけられています。
코노 코이누와 요꾸 테나즈께라레떼 이마스

💬 개는 낯선 사람을 잘 따르지 않는다.
犬は見知らぬの人にはあまり懐かない。
이누와 미시라누 히또니와 아마리 나쯔까나이

💬 개들이 아이들과 잔디밭에서 뛰어 놀았다.
犬が子供たちと芝生で遊び回った。
이누가 코도모따찌또 시바후데 아소비마왓따

💬 개는 주인에게 충실하다.
犬は主人に忠実だ。
이누와 슈진니 츄-지쯔다

💬 귀가 처진 그 개가 귀여운데요.
耳が垂れたその犬が可愛いです。
미미가 타레따 소노 이누가 카와이-데스

💬 강아지들이 배고파서 낑낑거렸다.
子犬たちがお腹がすいてだだをこねた。
코이누따찌가 오나까가 스이떼 다다오 코네따

💬 개 조심!
犬に用心！
이누니 요-징

244

💬 네 강아지 수의사한테 데리고 가 봤니?

あなたの子犬、獣医に連れて行ったの？

아나따노 코이누 쥬-이니 츠레떼 잇따노

💬 우리 강아지가 아픈 것 같아요.

私の犬が病気のようです。

와따시노 이누가 뵤-끼노 요-데스

💬 우리는 그 강아지를 찾아다녔지만, 아무데서도 찾을 수 없었다.

私たちはその子犬を探し回ったがどこにもいなかった。

와따시따찌와 소노 코이누오 사가시마왓따가 도꼬니모 이나깟따

💬 요시다 씨는 개를 잃어버리고 탄식하고 있다.

吉田さんは犬を見失って嘆いていた。

요시다상와 이누오 미우시낫떼 나게이떼 이따

💬 강아지가 죽어서 난 너무 슬펐어요.

子犬が死んで、私はとても悲しかったです。

코이누가 신데 와따시와 토떼모 카나시깟따데스

💬 강아지 중성화 수술을 하려고요.

子犬の中性化手術をすると思います。

코이누노 츄-세-까 슈쥬쯔오 스루또 오모이마스

애완동물 - 고양이

💬 고양이가 매트 위에서 기지개를 켰다.
猫がマットの上で伸びをした。
네꼬가 맛토노 우에데 노비오 시따

💬 고양이가 발톱으로 날 할퀴었다.
猫が爪で私を引っ掻いた。
네꼬가 츠메데 와따시오 힉까이따

💬 새끼 고양이가 슬리퍼를 물어뜯었다.
子猫がスリッパをかみちぎった。
코네꼬가 스립빠오 카미찌깃따

💬 우리 집 고양이가 새끼 세 마리를 낳았다.
私の家の猫が子猫3匹を産んだ。
와따시노 이에노 네꼬가 코네꼬 삼비끼오 운다

💬 고양이들에게 밥 줄 시간이야.
猫たちに餌をやる時間だ。
네꼬따찌니 에사오 야루 지깐다

💬 고양이가 목을 그르렁거린다.
猫がごろごろなく。
네꼬가 고로고로 나꾸

애완동물 – 기타

💬 내 햄스터는 양배추를 즐겨 먹는다.
私のハムスターはキャベツをよく食べます。
와따시노 하무스타-와 캬베츠오 요꾸 타베마스

💬 햄스터를 우리에 넣어 기르세요.
ハムスターを檻に入れて飼ってください
하무스타-오 오리니 이레떼 캇떼 쿠다사이

💬 그는 애완용 뱀을 키워요.
彼は蛇のペットを飼います。
카레와 헤비노 펫토오 카이마스
彼のペットは蛇です
카레노 펫토와 헤비데스

💬 애완동물로 딱정벌레를 키우는 사람도 있어.
ペットでかぶとむしを飼う人もいる。
펫토데 카부또무시오 카우 히또모 이루

💬 그는 금붕어에게 먹이를 너무 많이 줘서 죽이고 말았어.
彼は金魚に餌を多くやりすぎて殺してしまった。
카레와 킹교니 에사오 오-꾸 야리스기떼 코로시떼 시맛따
彼は金魚に餌を多くあたえすぎて殺してしまった。
카레와 킹교니 에사오 오-꾸 아따에스기떼 코로시떼 시맛따

Unit 7 식물 가꾸기

식물

💬 우리는 세 개의 화분에 콩을 심었다.
私たちは三つの植木鉢に豆を植えた。
와따시따찌와 밋쯔노 우에끼바찌니 마메오 우에따

💬 어제 식물을 정원에 옮겨 심었어요.
昨日植物を庭にうえました。
키노- 쇼꾸부쯔오 니와니 우에마시따
昨日植物を庭にうえかえました。
키노- 쇼꾸부쯔오 니와니 우에까에마시따

💬 저 화분은 일주일에 한 번 이상 물을 주면 안 돼요.
あの植木鉢は一週間に一度以上水をやるとだめです。
아노 우에끼바찌와 이찌슈-깐니 이찌도 이죠- 미즈오 야루또 다메데스

💬 네 화분은 잘 자라는데, 왜 내 것은 시드는 거지?
あなたの植木鉢はよく育つのに、どうして私のは枯れるの？
아나따노 우에끼바찌와 요꾸 소다쯔노니 도-시떼 와따시노와 카레루노

💬 네 화분에 물을 너무 많이 줬어.
あなたの植木鉢にやる水が多すぎだ。
아나따노 우에끼바찌니 야루 미즈가 오-스기다

💬 최근 정원 가꾸기에 몰두하고 있어요.

最近庭いじりに夢中になっています。
사이낑 니와이지리니 무쮸-니 낫떼 이마스

最近ガーデニングに夢中になっています。
사이낑 가-데닝구니 무쮸-니 낫떼 이마스

💬 가족을 위해 마당에 야채를 기르고 있어요.

家族のために庭に野菜を作っています。
카조꾸노 타메니 니와니 야사이오 츠꾸떼 이마스

💬 장미는 특별히 보살펴 줘야 해요.

バラは特別な世話をしなければなりません。
바라와 토꾸베쯔나 세와오 시나께레바 나리마셍

💬 꽃 중에서 백합을 가장 좋아합니다.

花の中で百合の花が一番好きです。
하나노 나까데 유리노 하나가 이찌방 스끼데스

💬 튤립 뿌리를 정원에 심었어요.

チューリップの根を庭に植えました。
츄-립푸노 네오 니와니 우에마시따

💬 틈틈이 정원의 잡초를 뽑아요.

時々庭のざっそを抜きます。
토끼도끼 니와노 잣소오 누끼마스

249

Chapter 04

어디에서든 문제없어!

Unit 1 음식점
Unit 2 쇼핑
Unit 3 병원&약국
Unit 4 은행&우체국
Unit 5 렌터카&주유소
Unit 6 영화관&기타 공연장
Unit 7 술집

Unit 1 음식점

음식점 추천

💬 이 근처에 맛있는 음식점 있나요?
この近くにおいしいお店ありますか
코노 치까꾸니 오이시- 오미세 아리마스까

💬 근처의 괜찮은 식당을 좀 추천해 주시겠어요?
このへんでいいお店をちょっとお勧めしてくださいませんか。
코노 헨데 이- 오미세오 춋또 오스스메시떼 쿠다사이마셍까

💬 이 시간에 문을 연 가게가 있습니까?
この時間に開いた店がありますか。
코노 지깐니 아이따 미세가 아리마스까

💬 식당이 많은 곳은 어디인가요?
お店がたくさんある所はどこですか。
오미세가 탁상 아루 토꼬로와 도꼬데스까

💬 특별히 정해 둔 식당이라도 있나요?
特別に決めておいたお店でもあるんですか。
토꾸베쯔니 키메떼 오이따 오미세데모 아룬데스까

特に行きたいお店ありますか。
토꾸니 이끼따이 오미세 아리마스까

식당 예약

💬 제가 레스토랑을 예약할까요?
私がレストランを予約しましょうか。
와따시가 레스토랑오 요야꾸시마쇼-까

💬 그 레스토랑으로 예약해 주세요.
そのレストランで予約してください。
소노 레스토랑데 요야꾸시떼 쿠다사이

💬 오늘 밤, 예약하고 싶은데요.
今晩、席を予約したいのです。
콤방 세끼오 요야꾸시따이노데스

💬 예약이 필요한가요?
予約が必要でしょうか。
요야꾸가 히쯔요-데쇼-까

💬 7시에 3인용 테이블을 예약하고 싶은데요.
7時に三人用テーブルを予約したいのですが。
시찌지니 산닝요- 테-부루오 요야꾸시따이노데스가

💬 예약을 변경하고 싶습니다.
予約を変更したいのですが。
요야꾸오 헹꼬-시따이노데스가

💬 예약을 취소해 주세요.

予約をキャンセルしてください。
요야꾸오 칸세루시떼 쿠다사이

予約を取り消ししてください。
요야꾸오 토리께시시떼 쿠다사이

식당 안내

💬 몇 분이신가요?

何名様ですか。
난메이사마데스까

お客様は何人ですか。
오꺄꾸사마와 난닌데스까

💬 다섯 명입니다.

五人です。
고닌데스

💬 안내해 드릴 때까지 기다려 주십시오.

ご案内するまでお待ちください。
고안나이스루마데 오마찌꾸다사이

💬 창가쪽 테이블로 해 주세요.

窓際のテーブルにしてください。
마도기와노 테-부루니 시떼 쿠다사이

💬 흡연석과 금연석 중 어디로 드릴까요?

喫煙席と禁煙席、どちらに、いたしましょうか。

키쯔엔세끼또 킹엔세끼 도찌라니 이따시마쇼-까

💬 금연석으로 부탁합니다.

禁煙席でお願いします。

킹엔세끼데 오네가이시마스

💬 조용한 안쪽 자리로 부탁합니다.

静かな奥の席でお願いします。

시즈까나 오꾸노 세끼데 오네가이시마스

💬 죄송합니다만, 지금 자리가 다 찼습니다.

すみませんが、ただいま満席です。

스미마셍가 타다이마 만세끼데스

💬 어느 정도 기다려야 하나요?

どのぐらい待たなければならないんですか。

도노구라이 마따나께레바 나라나인데스까

どのぐらい待たなければなりませんか。

도노구라이 마따나께레바 나리마셍까

どれくらい待ちますか。

도레꾸라이 마찌마스까

💬 20분 정도 기다려야 하는데요.

20分ぐらい待たなければならないんです。

니쥽뿡구라이 마따나께레바 나라나인데스

메뉴 보기

💬 메뉴 좀 볼 수 있을까요?

メニューを見せてくれませんか。
메뉴-오 미세떼 쿠레마셍까

メニューをいただけますか。
메뉴-오 이따다께마스까

💬 오늘의 추천 메뉴는 무엇인가요?

今日のお勧めのメニューは何ですか。
쿄-노 오스스메노 메뉴-와 난데스까

💬 메뉴를 좀 더 보고 싶은데요.

メニューをちょっと見たいですけど。
메뉴-오 춋또 미따이데스께도

💬 아직 메뉴를 못 정했는데, 조금 더 있다가 주문하겠습니다.

まだメニューを決めてないんだけど、もう少ししてから注文します。
마다 메뉴-오 키메떼 나인다께도 모- 스꼬시시떼까라 츄-몬시마스

💬 이곳의 전문은 무엇인가요?

ここのお勧めは何ですか。
코꼬노 오스스메와 난데스까

💬 저희는 스키야키를 전문으로 하고 있습니다.
うちはすきやきが専門です。
우찌와 스끼야끼가 셈몬데스
うちはすきやきを専門にやっています。
우찌와 스끼야끼오 셈몬니 얏떼 이마스

주문

💬 주문하시겠습니까?
ご注文をおうかがいいたしますか。
고츄-몽오 오우까가이이따시마스까

💬 주문하셨습니까?
ご注文なさいましたか。
고츄-몬나사이마시따까

💬 주문을 받아도 될까요?
ご注文はよろしいでしょうか。
고츄-몽와 요로시-데쇼-까

💬 무엇으로 하시겠습니까?
何にいたしますか。
나니니 이따시마스까
何になさいますか。
나니니 나사이마스까

💬 주문하고 싶은데요.
注文したいのですが。
츄ー몬시따이노데스가

💬 주문은 잠시 후에 할게요.
注文はちょっと後でします。
츄ー몽와 춋또 아또데 시마스

💬 주문을 바꿔도 되겠습니까?
注文を変えてもいいですか。
츄ー몽오 카에떼모 이ー데스까

💬 나중에 다시 오실래요?
また後で来てもらいますか。
마따 아또데 키떼 모라이마스까

💬 먼저 음료부터 주문할게요.
まず飲み物から注文します。
마즈 노미모노까라 츄ー몬시마스

💬 빨리 되는 게 어떤 건가요?
早くできるものは何ですか。
하야꾸 데끼루 모노와 난데스까

💬 요리 재료는 뭡니까?
食材は何ですか。
쇼꾸자이와 난데스까

주문 결정

💬 좋아요, 그걸로 할게요.

いいですね、それにします。
이-데스네 소레니 시마스

💬 이걸로 주세요.

これでお願いします。
코레데 오네가이시마스

💬 저 사람이 먹고 있는 것은 무엇입니까?

あの人が召し上がっているものはなんですか。
아노 히또가 메시아갓떼 이루 모노와 난데스까

💬 저도 같은 것으로 하겠습니다.

私も同じものにします。
와따시모 오나지 모노니 시마스

私も同じものでお願いします。
와따시모 오나지 모노데 오네가이시마스

💬 주문 확인하겠습니다.

ご注文確認いたします。
고츄-몽 카꾸닝이따시마스

💬 더 필요하신 건 없습니까?

他のものは、よろしいでしょうか。
호까노 모노와 요로시-데쇼-까

주문 – 메인 요리

💬 스테이크는 어떻게 해 드릴까요?

ステーキの焼き方はいかがいたしましょうか。
스테-키노 야끼까따와 이까가이따시마쇼-까

💬 중간 정도로 익혀 주세요.

ミディアムでお願いします。
미디아무데 오네가이시마스

💬 완전히 익혀 주세요.

ウェルダンお願いします。
웨루당 오네가이시마스

💬 달걀은 어떻게 해 드릴까요?

玉子はどのように調理いたしましょうか。
타마고와 도노요-니 쵸-리이따시마쇼-까

💬 스크램블로 해 주세요.

スクランブルエッグでお願いします。
스쿠람부루엑구데 오네가이시마스

💬 곁들일 요리는 으깬 감자로 해 주세요.

付け合わせはマッシュドポテトにしてください。
츠께아와세와 맛슈도포테토니 시떼 쿠다사이

주문 – 요청 사항

💬 밥과 빵 중 어느 것으로 하시겠어요?

ご飯とパンどちらになさいますか。

고항또 팡 도찌라니 나사이마스까

💬 수프나 샐러드가 함께 나옵니다만, 어느 것으로 드릴까요?

スープとサラダがございますが、どちらになさいますか。

스-푸또 사라다가 고자이마스가 도찌라니 나사이마스까

💬 드레싱은 어느 걸로 하시겠어요?

ドレッシングは何になさいますか。

도렛싱구와 나니니 나사이마스까

💬 드레싱에는 어떤 게 있나요?

ドレッシングには何がありますか。

도렛싱구니와 나니가 아리마스까

💬 드레싱은 칼로리가 적은 것으로 부탁합니다.

ドレッシングは、カロリーの低いものでお願いします。

도렛싱구와 카로리-노 히꾸이 모노데 오네가이시마스

💬 소금을 넣지 않고 요리해 주세요.

塩を入れないで料理してください。

시오오 이레나이데 료-리시떼 쿠다사이

💬 너무 맵지 않게 해 주세요.

辛すぎないようにしてください。

카라스기나이요-니 시떼 쿠다사이

💬 빵을 좀 더 주세요.

もう少しパンをください。

모- 스꼬시 팡오 쿠다사이

💬 소금 좀 갖다 주시겠어요?

塩ちょっといただけますか。

시오 춋또 이따다께마스까

💬 물 좀 더 주시겠어요?

お水もうちょっといただけますか。

오미즈 모- 춋또 이따다께마스까

💬 물수건 가져다 주시겠어요?

おしぼりを持ってきてもらえますか。

오시보리오 못떼 키떼 모라에마스까

💬 바로 갖다 드리겠습니다.

すぐお待ちいたします。

스구 오마찌이따시마스

💬 이거 하나 더 주세요.

これ、おかわりお願いします。

코레 오까와리 오네가이시마스

주문 – 음료 및 디저트

💬 음료는 무엇으로 하시겠습니까?
飲み物は何になさいますか。
노미모노와 나니니 나사이마스까

💬 물이면 됩니다.
水をください。
미즈오 쿠다사이

💬 커피만 주세요.
コーヒーだけお願いします。
코-히-다께 오네가이시마스

💬 커피는 식사 후에 갖다 주세요.
コーヒーは食事の後で持ってきてください。
코-히-와 쇼꾸지노 아또데 못떼 키떼 쿠다사이

💬 디저트를 주문하시겠습니까?
デザートを注文なさいますか。
데자-토오 츄-몬나사이마스까

💬 디저트로는 무엇이 있습니까?
デザートは何がありますか。
데자-토와 나니가 아리마스까

💬 디저트는 아이스크림으로 할게요.
デザートはアイスクリームにします。
데자-토와 아이스쿠리-무니 시마스

웨이터와 대화

💬 오늘 이 테이블의 담당 서버 타나카입니다.
今日このテーブルの担当の田中です
쿄- 코노 테-부루노 탄토-노 타나까데스

💬 이 음식은 무슨 재료를 사용한 겁니까?
この料理は何を使ったものですか
코노 료-리와 나니오 츠깟따 모노데스까

💬 어떻게 요리한 겁니까?
どのように料理したものですか。
도노요-니 료-리시따 모노데스까

💬 이 소스의 재료는 무엇인가요?
このソースの材料は何ですか。
코노 소-스노 자이료-와 난데스까

💬 포크를 떨어뜨렸습니다.
フォークを落としました。
호-쿠오 오또시마시따

💬 젓가락을 떨어뜨렸습니다.
箸を落としてしまいました。
하시오 오또시떼 시마이마시따

💬 테이블 위에 물 좀 닦아 주세요.
テーブルの上の水、ちょっと拭いてください。
테-부루노 우에노 미즈 춋또 후이떼 쿠다사이

서비스 불만

💬 주문한 음식이 아직 안 나왔는데요.
注文したものがまだ来ないんですけど。
츄-몬시따 모노가 마다 코나인데스께도

💬 이건 제가 주문한 게 아니에요.
これは私が注文したものじゃありません。
코레와 와따시가 츄-몬시따 모노쟈 아리마셍

💬 이건 주문하지 않았는데요.
これは注文していませんが。
코레와 츄-몬시떼 이마셍가
これ、頼んでないんですけど。
코레 타논데 나인데스께도

💬 고기가 충분히 익지 않았는데요.
お肉が十分焼けてないんですが。
오니꾸가 쥬-붕 야께떼 나인데스가
お肉が十分火が通ってないんですが。
오니꾸가 쥬-붕 히가 토-ㅅ떼 나인데스가

💬 덜 익은 것 같네요.
ちょっと火が通っていないようですが。
춋또 히가 토-ㅅ떼 이나이요-데스가

💬 좀 더 구워 주시겠어요?

もうちょっと焼いてくれませんか。
모- 촛또 야이떼 쿠레마셍까

💬 이건 상한 것 같은데요.

これはいたんでいるようですが。
코레와 이딴데 이루요-데스가

💬 수프에 뭐가 들어있어요.

スープに何か入っています。
스-푸니 나니까 하잇떼 이마스

💬 컵이 더러운데요. 새 컵 주세요.

コップが汚いので、新しいコップください。
콥푸가 키따나이노데 아따라시- 콥푸 쿠다사이

💬 새 것으로 바꿔 주세요.

新しいのと取り替えてください。
아따라시-노또 토리까에떼 쿠다사이

💬 식탁 좀 치워 주시겠어요?

ちょっと片付けてくれませんか。
촛또 카따즈께떼 쿠레마셍까

💬 접시 좀 치워 주시겠어요?

お皿、ちょっと片付けてくれませんか。
오사라 촛또 카따즈께떼 쿠레마셍까

음식 맛 평가

💬 오늘 음식 맛은 어떠셨나요?
今日料理の味はどうでしたか。
쿄- 료-리노 아지와 도-데시따까

💬 이렇게 맛있는 음식은 처음 먹어요.
こんなおいしい料理は初めて食べました。
콘나 오이시- 료-리와 하지메떼 타베마시따

💬 좀 단 것 같아요.
ちょっと甘いような感じです。
촛또 아마이요-나 간지데스

💬 맛이 담백해요.
淡白な味です。
탐빠꾸나 아지데스
さっぱりした味です。
삽빠리시따 아지데스

💬 좀 기름진 것 같아요.
ちょっと脂っこい感じです。
촛또 아부랏꼬이 칸지데스

💬 미안하지만 제 입맛에 맞지 않네요.
すみませんが、私には口に合わないです。
스미마셍가 와따시니와 쿠찌니 아와나이데스
すみませんが、私の口には合わないです。
스미마셍가 와따시노 쿠찌니와 아와나이데스

계산

💬 계산서 부탁합니다.
計算お願いします。
케-상 오네가이시마스
この勘定お願いします。
코노 칸죠- 오네가이시마스

💬 계산해 주세요.
お勘定をお願いします。
오깐죠-오 오네가이시마스

💬 쿠폰을 갖고 계시니, 10% 할인해 드리겠습니다.
クーポンをお持ちいただいたので、10%割引させていただきます。
쿠-퐁오 오모찌이따다이따노데 쥬퍼-센토 와리비끼사세떼 이따다끼마스

💬 계산은 어디에서 하나요?
計算はどこでしますか。
케-상와 도꼬데 시마스까

💬 각자 계산하기로 하죠.
割り勘にしましょう。
와리깐니 시마쇼-

💬 각각 따로 지불하고 싶은데요.
別々に払いたいんですが。
베쯔베쯔니 하라이따인데스가
割り勘にしたいのですが。
와리깐니 시따이노데스가

💬 오늘은 제가 살게요.
今日は私が奢ります。
쿄-와 와따시가 오고리마스

💬 내가 다 낼 테니까, 나중에 줘.
私がまとめて出しておくから、後でちょうだい。
와따시가 마또메떼 다시떼 오꾸까라 아또데 쵸-다이

💬 오늘은 각자 먹은 것은 각자 부담하자고.
今日はわりかんだからね。
쿄-와 와리간다까라네

💬 항상 얻어먹기만 했으니까, 오늘은 제가 내게 해 주세요.
いつもおごってもらってばかりだから、今日は私に払わせてください。
이쯔모 오곳떼 모랏떼바까리다까라 쿄-와 와따시니 하라와세떼 쿠다사이

💬 제 몫은 얼마인가요?
私の分はいくらですか。
와따시노 붕와 이꾸라데스까

커피숍에서

💬 커피 한 잔 할래요?

コーヒー飲みますか。
코-히- 노미마스까

💬 커피 한잔 하면서 얘기합시다.

コーヒー飲みながら話しましょう。
코-히- 노미나가라 하나시마쇼-

💬 제가 커피 한 잔 살게요.

私がコーヒー奢ります。
와따시가 코-히- 오고리마스

💬 커피를 진하게 주세요.

コーヒーを濃くしてください。
코-히-오 코꾸시떼 쿠다사이

💬 커피에 설탕이나 크림을 넣을까요?

コーヒーに砂糖やクリームを入れましょうか。
코-히-니 사또-야 쿠리-무오 이레마쇼-까

💬 설탕과 크림을 넣어 주세요.

砂糖とクリームを入れてください。
사또-또 쿠리-무오 이레떼 쿠다사이

💬 커피에 설탕을 몇 스푼 넣습니까?

コーヒーにお砂糖はいくつお付けしますか。
코-히-니 오사또-와 이꾸쯔 오쯔께시마스까

패스트푸드

💬 다음 분 주문하세요.

次のお客様ご注文してください。
츠기노 오꺄꾸사마 고쮸-몬시떼 쿠다사이

💬 햄버거 하나랑 콜라 주세요.

ハンバーガー一つとコーラお願いします。
함바-가- 히또쯔또 코-라 오네가이시마스

💬 마요네즈는 빼 주세요.

マヨネーズぬきでください。
마요네-즈 누끼데 쿠다사이

💬 피클을 빼 주세요.

ピクルスを入れないでください。
피쿠루스오 이레나이데 쿠다사이

💬 여기서 드실 건가요, 아니면 포장인가요?

こちらでお召し上がりますか、お持ち帰りですか。
코찌라데 오메시아가리마스까 오모찌까에리데스까

こちらでお召し上がりですか、テークアウトですか。
코찌라데 오메시아가리데스까 테-쿠아우토데스까

💬 여기에서 먹겠습니다. / 가지고 가겠습니다.

ここで食べます。／ 持ち帰ります。
코꼬데 타베마스 / 모찌까에리마스

💬 콜라 대신 아이스커피도 가능합니까?

コーラのかわりに、アイスコーヒーもできますか。

코-라노 카와리니 아이스코-히-모 데끼마스까

💬 콜라에 얼음을 넣지 말아 주세요.

コーラに氷を入れないでください。

코-라니 코-리오 이레나이데 쿠다사이

💬 버거에 치즈가 있나요?

バーガーの中にチーズが入っていますか。

바-가-노 나까니 치-즈가 하잇떼 이마스까

💬 토핑은 어떤 것을 드릴까요?

トッピングは、何にいたしますか。

톱핑구와 나니니 이따시마스까

💬 감자도 함께 하시겠습니까?

ご一緒にポテトはいかがですか。

고잇쇼니 포테토와 이까가데스까

💬 치즈버거는 10분 정도 기다리셔야 합니다만, 바로 준비해 드리겠습니다.

チーズバーガーは10分ほどお待ちいただきますが、すぐに準備いたします。

치-즈바-가-와 쥽뿡호도 오마찌이따다끼마스가 스구니 쥼비이따시마스

배달

💬 피자 시켜 먹자!
ピザ注文しよう！
피자 츄-몬시요-

💬 오늘은 배달이라도 시켜서 즐기자고요.
今日は出前でも頼んで楽しもうよ。
쿄-와 데마에데모 타논데 타노시모-요

💬 파티용 요리를 배달해 줬으면 좋겠습니다만.
パーティー用の料理をデリバリーして欲しいんですが。
파-티-요-노 료-리오 데리바리-시떼 호시-ㄴ데스가

💬 전부 2,000엔입니다.
全部で2000円です。
젬부데 니셍엔데스

💬 배달되는 데 얼마나 걸릴까요?
配達するのにどのぐらいかかりますか。
하이따쯔스루노니 도노구라이 카까리마스까

💬 30분 이내에 배달되도록 해 주세요.
30分以内に配達してください。
산쥬뿡 이나이니 하이따쯔시떼 쿠다사이

Unit 2 쇼핑

쇼핑

💬 오늘 저녁 쇼핑하러 가지 않을래?
今晩買い物に行かない？
콘방 카이모노니 이까나이
今日の夕方ショッピングしに行かない？
쿄-노 유-가따 숍핑구시니 이까나이

💬 나는 쇼핑 중독이야.
私は買い物依存症だ。
와따시와 카이모노이존쇼-다

💬 넌 명품만 밝히는구나.
あなたは目が高いね。
아나따와 메가 타까이네
あなたは目が肥えているね。
아나따와 메가 코에떼 이루네

💬 한 시간 밖에 없어서 백화점을 바쁘게 돌아다녔어요.
一時間しかないから、デパートを忙しく回りました。
이찌지깐시까나이까라 데파-토오 이소가시꾸 마와리마시따

💬 하루 종일 걸어서 돌아다녔는데 '이거다' 할 정도로 마음에 드는 물건이 없었어.

一日中歩き回ったけど、これだと思うぐらい気に入った物がなかったんだ。
이찌니찌쥬- 아루끼마왓따께도 코레다또 오모우구라이 키니 잇따 모노가 나깟딴다

💬 충동구매를 하지 않으려면 쇼핑리스트를 만들어야 해.

衝動買いしないためにはショッピングリストを作るべきだ。
쇼-도-가이시나이타메니와 숍핑구리스토오 츠꾸루베끼다

💬 쇼핑 센터는 어디에 있습니까?

ショッピングセンターはどこにありますか。
숍핑구센타-와 도꼬니 아리마스까

💬 쇼핑 센터에서 쇼핑하면 시간을 절약할 수 있어.

ショッピングセンターでショッピングすれば時間を節約することができる。
숍핑구센타-데 숍핑구스레바 지깡오 세쯔야꾸스루 코또가 데끼루

💬 그냥 쇼핑 센터에서 시간을 보냈어요.

ショッピングセンターでぶらぶらと時間を過ごしました。
숍핑구센타-데 부라부라또 지깡오 스고시마시따

💬 저는 친구들과 쇼핑 센터에 가는 것을 좋아해요.

私は友達とショッピングセンターに行くことが好きです。

와따시와 토모다찌또 숍핑구센타-니 이꾸 코또가 스끼데스

옷 가게

💬 뭔가 찾으십니까?

何かお探しですか。

나니까 오사가시데스까

💬 그냥 좀 둘러보는 중이에요.

見ているだけです。

미떼 이루다께데스

💬 좀 더 보고 나서 정할게요.

もうちょっと見てから決めます。

모- 춋또 미떼까라 키메마스

💬 요즘에는 어떤 것이 잘 팔립니까?

最近はどんなものがよく売れていますか。

사이낑와 돈나 모노가 요꾸 우레떼 이마스까

💬 지금 유행하는 스타일은 어떤 건가요?

今の流行はどんなスタイルですか。

이마노 류-꼬-와 돈나 스타이루데스까

💬 이건 유행이 지난 것 같은데요.

これは流行が過ぎたみたいですけど。

코레와 류-꼬-가 스기따미따이데스께도

💬 다음에요.

また来ます。

마따 키마스

💬 저것을 보여 주세요.

あれを見せてください。

아레오 미떼 쿠다사이

💬 몇 가지 보여 주세요.

いくつか見せてください。

이꾸쯔까 미세떼 쿠다사이

💬 이것과 같은 것은 있습니까?

これと同じものはありますか。

코레또 오나지모노와 아리마스까

💬 다른 것을 보여 주시겠습니까?

他のものを見せていただけますか。

호까노 모노오 미세떼 이따다께마스까

💬 좀 입어 봐도 될까요?

ちょっと着てみてもいいでしょうか。

춋또 키떼 미떼모 이-데쇼-까

💬 한 번 입어 보세요.

一度試着してみてください。

이찌도 시짜꾸시떼 미떼 쿠다사이

💬 탈의실은 어디인가요?

更衣室[試着室]はどこですか。

코-이시쯔[시짜꾸시쯔]와 도꼬데스까

옷 가게 – 사이즈

💬 사이즈를 재 주시겠어요?

サイズを測っていただけますか。

사이즈오 하깟데 이따다께마스까

💬 어떤 사이즈입니까?

どのサイズでしょうか。

도노 사이즈데쇼-까

💬 M 사이즈는 저한테 안 맞아요. L 사이즈가 맞을 것 같아요.

Mサイズは私に合わないです。 Lサイズが合うと思います。

에무사이즈와 와따시니 아와나이데스 에루사이즈가 아우또 오모이마스

💬 더 큰 사이즈로 있나요?

もっと大きいサイズはありますか。

못또 오-끼이 사이즈와 아리마스까

💬 허리는 딱 맞는데, 엉덩이는 좀 끼어요.

ウェストはぴったりなんだけど、ヒップが少しきついです。

웨스토와 핏따리난다께도 힙푸가 스꼬시 키쯔이데스

💬 그런 타이트한 옷은 감당할 수 없어요.

そんなタイトな服は似合わないです。

손나 타이토나 후꾸와 니아와나이데스

옷 가게 - 컬러&디자인

💬 무슨 색이 있습니까?

何色がありますか。
나니이로가 아리마스까

どんな色がありますか。
돈나 이로가 아리마스까

💬 빨간 것은 있습니까?

赤はありますか。
아까와 아리마스까

💬 이 셔츠, 다른 색상은 있나요?

このシャツ、他の色はありますか。
코노 샤츠 호까노 이로와 아리마스까

💬 이 셔츠는 너무 노출이 너무 심한데요.

このシャツは露出すぎるんですが。
코노 샤츠와 로슈쯔스기룬데스가

💬 디자인이 비슷한 것은 있습니까?

デザインがにているものはありますか。
데자잉가 니떼 이루 모노와 아리마스까

💬 더 질이 좋은 것은 없습니까?

もっと質のいいのはありませんか。
못또 시쯔노 이-노와 아리마셍까

옷 가게 – 기타

💬 비싼 물건이 좋은 것이라고는 말 못하죠.

高いものがいいものとは限らないよね。

타까이모노가 이-모노또와 카기라나이요네

💬 가격이 적당하네요. 그걸로 할게요.

値段もいいですね。それにします。

네담모 이-데스네 소레니 시마스

💬 잘 어울려. 너한테 딱인데.

よく似合ってる。お前にぴったりだよ。

요꾸 니앗떼루 오마에니 핏따리다요

💬 이게 바로 내가 찾던 거야.

これがちょうど私が探していたものだ。

코레가 쵸-도 와따시가 사가시떼 이따모노다

これがちょうど私がほしかったものだ。

코레가 쵸-도 와따시가 호시깟따모노다

💬 그걸로 사는 게 좋겠어.

それを買う方がいい。

소레오 카우 호-가 이-

대형 마트 - 슈퍼마켓

💬 식품 매장은 지하에 있나요?

食品売り場は地下にありますか。

쇼꾸힝우리바와 치까니 아리마스까

💬 에스컬레이터로 지하에 내려가시면, 식품 매장이 있습니다.

エスカレーターで地下に降りられますと、食品売り場がございます。

에스카레-타-데 치까니 오리라레마스또 쇼꾸힝우리바가 고자이마스

💬 쇼핑 카트를 가져 오는 것이 좋겠네요.

ショッピングカートを持ってくる方がいいですね。

숍핑구카-토오 못떼 쿠루 호-가 이-데스네

💬 낱개 판매도 하나요?

ばら売りもしてますか。

바라우리모 시떼마스까

💬 시식해도 되나요?

試食してもいいですか。

시쇼꾸시데모 이-데스까

💬 죄송합니다만 지금은 재고가 없군요.

申し訳ございませんが、今は在庫がありませんよ。

모-시와께고자이마셍가 이마와 자이코가 아리마셍요

💬 죄송하지만, 그 물건은 팔지 않습니다.

すみませんが、その品物は売りません。

스미마셍가 소노 시나모노와 우리마셍

💬 죄송하지만 지금 문 닫을 시간인데요.

すみませんが、もう店を閉めます。

스미마셍가 모- 미세오 시메마스

💬 영업 시간이 어떻게 되나요?

営業時間は何時までですか。

에-교-지깡와 난지마데데스까

💬 계산대는 어디 있어요?

カウンターはどこにありますか。

카운타-와 도꼬니 아리마스까

💬 봉투에 넣어 드릴까요?

封筒に入れて上げましょうか。

후-또-니 이레떼 아게마쇼-까

💬 서명해 주세요.
署名してください。
쇼메-시떼 쿠다사이

サインしてください。
사인시떼 쿠다사이

💬 제 차까지 쇼핑한 물건을 운반해 주실 수 있어요?
私の車まで買った物を運んでいただけますか。
와따시노 쿠루마마데 캇따 모노오 하꼰데 이따다께마스까

コンビに 편의점

일본에는 편의점 천국이란 별명처럼 정말 많은 편의점이 있습니다. 길 건너편에 바로 같은 편의점이 있거나, 몇 미터만 가도 또 만날 수 있답니다. 그만큼 이용하는 사람들도 많고요. 편의점에서는 식품과 잡화는 물론, 공공요금과 통신판매 등 각종 대금 지불, 사진인화, 복사기, 팩스 서비스도 제공하고 있습니다.

할인 행사 – 일정

💬 지금 세일 중입니까?

今セール中ですか。
이마 세-루쥬-데스까

今割引してますか。
이마 와리비끼시떼마스까

💬 세일은 언제인가요?

セールはいつですか。
세-루와 이쯔데스까

💬 세일은 언제 끝나요?

セールはいつ終わりますか。
세-루와 이쯔 오와리마스까

💬 세일 기간은 얼마나 되나요?

セール期間はどのぐらいですか。
세-루 키깡와 도노구라이데스까

💬 세일은 어제 끝났습니다.

セールは昨日終わりました。
세-루와 키노- 오와리마시따

💬 이 물건은 언제 다시 세일하나요?

この物はいつもう一度セールしますか。
코노 모노와 이쯔 모- 이찌도 세-루시마스까

특정 할인 기간

💬 여름 세일 중입니다.
夏のバゲンセール中です。
나쯔노 바겐세-루쮸-데스

💬 겨울 세일은 일주일 동안 계속됩니다.
冬のセールは一週間続いてます。
후유노 세-루와 잇슈-깡 츠즈이떼마스

💬 봄 세일은 이번 주 금요일부터 시작됩니다.
春のセールは今週の金曜日から始まります。
하루노 세-루와 콘슈-노 킹요-비까라 하지마리마스

💬 연말 세일은 12월 20일부터 31일까지입니다.
年末のセールは12月20日から31日までです。
넴마쯔노 세-루와 쥬-니가쯔 하쯔까까라 산쥬-이찌니찌마데데스

💬 지금은 특별 세일 기간입니다.
今は特別セール期間です。
이마와 토꾸베쯔 세-루 키깐데스

💬 점포정리 세일 중입니다.
店舗整理のセール中です。
템포 세-리노 세-루쮸-데스

💬 세일 가격은 5월 31일까지 유효합니다.
セールの値段は5月31日まで有効です。
세-루노 네당와 고가쯔 산쥬-이찌니찌마데 유-꼬-데스

할인 내역

💬 전 제품을 20% 할인하고 있습니다.
全品を20パーセント割引しています。
젬삥오 니쥬―파―센토 와리비끼시떼 이마스

💬 오늘 25% 할인 행사가 있어요.
今日25パーセント割引のイベントがあります。
쿄― 니쥬―고파―센토 와리비끼노 이벤토가 아리마스

💬 정가는 5,000엔이지만 세일해서 3,500엔이에요.
定価は5000円ですが、セールして3500円です。
테―까와 고셍엔데스가 세―루시떼 산젱고햐꾸엔데스

💬 쿠폰을 사용하면 300엔 할인됩니다.
クーポンをお使いになれば、300円割引になります。
쿠―퐁오 오쯔까이니나레바 삼뱌꾸엥 와리비끼니 나리마스

💬 이 모자는 세일해서 겨우 2,700엔이었어.
この帽子はセールしてやっと2700円だった。
코노 보―시와 세―루시떼 얏또 니셍나나햐꾸엔닷따

286

할인 행사 기타

💬 그것은 할인 제품이 아닙니다.
それは割引の製品じゃありません。
소레와 와리비끼노 세-힌쟈리마셍

💬 어떤 품목들을 세일하고 있나요?
どんなアイテムをセールしてますか。
돈나 아이테무오 세-루시떼마스까

💬 이 컴퓨터는 세일 중인가요?
このコンピューターはセールしてますか。
코노 콤퓨-타-와 세-루시떼마스까

💬 그 가게는 세일 기간에만 가.
その店はセール期間だけ行く。
소노 미세와 세-루 키깐다께 이꾸

💬 난 세일 때까지 기다릴래.
私はセールまで待つよ。
와따시와 세-루마데 마쯔요

💬 세일 기간 중에는 좋은 물건을 찾기 힘들어.
セール期間中にはいい物を探しにくいです。
세-루 키깡쮸-니와 이- 모노오 사가시니꾸이데스

계산

💬 계산은 어디에서 합니까?
会計はどちらですか。
카이께-와 도찌라데스까

💬 전부 얼마입니까?
全部いくらですか。
젬부 이꾸라데스까

💬 총액은 1,250엔입니다.
総額は1250円です。
소-가꾸와 센니햐꾸고쥬-엔데스

💬 너무 비쌉니다.
高すぎます。
타까스기마스

💬 깎아 주세요.
負けてください。
마께떼 쿠다사이

💬 더 싸게 해 주실래요?
もっと安くしてくれませんか。
못또 야스꾸시떼 쿠레마셍까

💬 어떻게 지불하실 건가요?

お支払いはどういたしますか。
오시하라이와 도-이따시마스까

💬 현금과 신용카드 중 어떻게 지불하시겠어요?

現金とクレジットカードとどちらになさいますか。
겡낀또 쿠레짓토카-도또 도찌라니 나사이마스까

💬 현금으로 하겠어요.

現金でします。
겡낀데 시마스

💬 카드로 해 주세요.

クレジットカードでしてください。
쿠레짓토카-도데 시떼 쿠다사이

💬 신용카드도 되나요?

クレジットカードもできますか。
쿠레짓토카-도모 데끼마스까

💬 만엔짜리인데 잔돈 있으세요?

一万円札ですけど、小銭ありますか。
이찌망엔사쯔데스께도 코제니 아리마스까

💬 여기 거스름돈입니다

はい、おつりです。
하이 오쯔리데스

- 거스름돈이 모자라는데요.

  おつりがたりないんですが。
  오쯔리가 타리나인데스가

- 영수증이요.

  レシートです。
  레시-토데스

- 영수증 좀 주시겠어요?

  レシート、ちょっとくださいませんか。
  레시-토 춋또 쿠다사이마셍까

- 계산이 틀린 것 같습니다.

  勘定が間違っているようです。
  칸죠-가 마찌갓떼 이루요-데스

  計算ミスになっているようです。
  케-산 미스니 낫떼 이루요-데스

배송

💬 배송료는 얼마입니까?

送料はいくらですか。
소-료-와 이꾸라데스까

💬 이 상품의 가격에는 배송료가 포함되어 있지 않습니다.

この商品の値段には配送料が含まれていないです。
코노 쇼-힌노 네단니와 하이소-료-가 후꾸마레떼 이나이데스

💬 배송료는 따로 청구하나요?

配送料は別に請求されますか。
하이소-료-와 베쯔니 세-뀨-사레마스까

💬 언제 배송되나요?

いつ配送してもらえるのですか。
이쯔 하이소-시떼 모라에루노데스까

💬 구입 다음 날까지 배송됩니다.

購入の次の日までに配送します。
코-뉴-노 츠기노 히마데니 하이소-시마스

💬 이 주소로 보내 주세요.

この住所に送ってください。
코노 쥬-쇼니 오꿋떼 쿠다사이

교환&환불

💬 이거 환불해 주시겠어요?

これ払い戻してくださいますか。

코레 하라이모도시떼 쿠다사이마스까

💬 환불 규정이 어떻게 되나요?

払い戻し規定はどうなっていますか。

하라이모도시 키떼-와 도- 낫떼 이마스까

💬 세일 품목이기 때문에 환불은 불가능합니다.

セール品なので、払い戻しはできません。

세-루힌나노데 하라이모도시와 데끼마셍

💬 세일 때 산 물건은 교환이나 환불이 안 됩니다.

セールの時買った物は交換とか払い戻しができません。

세-루노 토끼 캇따 모노와 코-깐또까 하라이모도시가 데끼마셍

💬 환불이 아니라 새 것으로 바꿔 주시겠어요?

払い戻しじゃなくて、新しいものと取り替えてもらえますか。

하라이모도시쟈나꾸떼 아따라시- 모노또 토리까에떼 모라에마스까

반품

💬 반품 가능 기간은 언제까지인가요?
返品可能期間はいつまでですか。
헴핑 카노- 키깡와 이쯔마데데스까

💬 구입일로부터 2주 이내입니다.
購入の日から二週間以内です。
코-뉴-노 히까라 니슈-깡 이나이데스

💬 영수증이 없으면 반품할 수 없습니다.
レシートがなければ返品することができません。
레시-토가 나께레바 헴핀스루 코또가 데끼마셍

💬 환불 및 반품 불가.
払い戻し及び返品不可。
하라이모도시 오요비 헴핑 후까

💬 불량품은 언제든지 바꿔 드리겠습니다.
不良品は、いつでもお取り替えいたします。
후료-힝와 이쯔데모 오또리까에이따시마스

💬 반품하고 싶은데, 우송료는 부담해 줍니까?
返品したいんですけど、送料は負担してもらえますか。
헴핀시따인데스께도 소-료-와 후딴시떼 모라에마스까

Unit 3 병원&약국

병원 예약

💬 진찰 예약을 하고 싶습니다.
診察予約をしようと思います。
신사쯔 요야꾸오 시요-또 오모이마스

💬 1시에 스즈키 선생님께 진료 예약을 했는데요.
1時に鈴木先生の診療予約をしたのですが。
이찌지니 스즈끼 센세-노 신료- 요야꾸오 시따노데스가

💬 진찰 시간을 예약하려고 전화 드렸습니다.
診察時間の予約をしようと思って電話したんです。
신사쯔 지깐노 요야꾸오 시요-또 오못떼 뎅와시딴데스

💬 이번 주 오전 중으로 예약 가능한 날은 언제인가요?
今週の午前中に予約できる日はいつですか。
콘슈-노 고젠쮸-니 요야꾸데끼루 히와 이쯔데스까

💬 예약을 하지 않았는데요, 지금 진찰 받을 수 있을까요?
予約はしてないんですが、今診察してもらいたいんですが。
요야꾸와 시떼나인데스가 이마 신사쯔시떼 모라이따인데스가

💬 오늘 예약을 하지 않았는데, 어느 정도 기다려야 합니까?
今日予約してないんですけど、どれくらい待ちますか。
쿄- 요야꾸시떼나인데스께도 도레꾸라이 마찌마스까

병원 수속

💬 접수 창구는 어디입니까?
受付窓口はどこですか。
우께쯔께 마도구찌와 도꼬데스까

💬 이 병원은 처음이신가요?
この病院は初めてでしょうか。
코노 뵤-잉와 하지메떼데쇼-까

💬 초진이세요?
初診ですか。
쇼신데스까

💬 오늘이 처음입니다.
今日が初めてです。
쿄-가 하지메떼데스

💬 건강 검진을 받고 싶은데요.
健康診断を受けたいのですが。
켕꼬- 신당오 우께따이노데스가

💬 진료 시간이 어떻게 됩니까?
診療時間はどうなりますか。
신료- 지깡와 도-나리마스까

💬 무슨 과 진료를 원하세요?
何科の受診をご希望ですか。
낭까노 쥬싱오 고끼보-데스까

진찰실

💬 어디가 안 좋으신가요?
どこが悪いですか。
도꼬가 와루이데스까

💬 증세가 어떻습니까?
症状はどうですか。
쇼-죠-와 도-데스까

💬 체온을 재겠습니다.
体温を測ります。
타이옹오 하까리마스

💬 청진기를 댈 테니 웃옷을 벗으세요.
聴診器を当てますので、上着を脱いでください。
쵸-싱끼오 아떼마스노데 우와기오 누이데 쿠다사이

💬 숨을 깊이 들이쉬세요.
息を深く吸い込んでください。
이끼오 후까꾸 스이꼰데 쿠다사이

💬 크게 입을 벌리고 '아' 해 보세요.
大きく口を開けて、「あー」と言ってください。
오-끼꾸 쿠찌오 아께떼 「아-」또 잇떼 쿠다사이 코꼬오 오스또 이따이데스까

💬 여기를 누르면 아픕니까?
ここを押すと痛いですか。
코꼬오 오스또 이따이데스까

💬 전에도 이런 증상이 있었던 적 있어요?
前にもこういう症状になったことはありますか。
마에니모 코-이우 쇼-죠-니 낫따 코또와 아리마스까

💬 전에 병을 앓으신 적이 있나요?
前に病気になったことがありましたか。
마에니 뵤-끼니 낫따 코또가 아리마시따까

💬 빈혈이 있어요.
貧血があります。
힝께쯔가 아리마스

💬 식욕이 없습니다.
食欲がありません。
쇼꾸요꾸가 아리마셍

💬 다리에 쥐가 났어요.
足が痙攣しました。
아시가 케-렌시마시따아시가 케-렌시마시따

💬 왕진도 가능한가요?
往診も可能でしょうか。
오-심모 카노-데쇼-까

외과

💬 다리가 부었어요.
足が腫れました。
아시가 하레마시따

💬 교통사고로 다리가 부러졌어요.
交通事故で足が折れました。
코ー쯔ー지꼬데 아시가 오레마시따

💬 넘어져서 무릎이 쓸렸어요.
転んで膝を擦り剥けました。
코론데 히자오 코스리무께마시따

💬 허리가 아파요.
腰が痛いです。
코시가 이따이데스

💬 허리를 삐끗해서 아파요.
ぎっくり腰です。
긱꾸리고시데스

💬 등이 아파요.
背中が痛いです。
세나까가 이따이데스

💬 발목을 삐었어요.
足首を挫きました。
아시꾸비오 쿠지끼마시따

💬 어깨가 결려요.
肩が凝ります。
카따가 코리마스

💬 깁스는 언제 풀 수 있어요?
ギブスはいつ取れますか。
기부스와 이쯔 토레마스까

💬 칼에 손가락을 깊이 베었어요.
刀で指を深く切ってしまったんです。
카따나데 유비오 후까꾸 킷떼 시맛딴데스

💬 발가락이 동상에 걸렸어요.
足の指が凍傷にかかりました。
아시노 유비가 토-쇼-니 카까리마시따

💬 온몸에 멍이 들었어요.
全身にあざが出来ました。
젠신니 아자가 데끼마시따

내과 – 감기

💬 감기에 걸린 것 같아요.
風邪を引いたようです。
카제오 히이따요-데스
風邪を引いたみたいなんです。
카제오 히이따미따이난데스

💬 코가 막혔어요.
鼻が詰まりました。
하나가 츠마리마시따

💬 콧물이 나요.
鼻水が出ます。
하나미즈가 데마스

💬 침을 삼킬 때마다 목이 아파요.
唾を飲む時、喉が痛いです。
츠바오 노무 토끼 노도가 이따이데스

💬 기침이 멈추지 않아요.
咳が止まらないんです。
세끼가 토마라나인데스

💬 독감이 유행하고 있어요.
インフルエンザが流行っています。
인후루엔자가 하얏떼 이마스

내과 – 열

💬 열이 있어요.
熱があります。
네쯔가 아리마스

💬 열이 38도예요.
熱が38度です。
네쯔가 산쥬-하찌도데스

💬 머리가 지끈지끈 아파요.
頭がズキズキと痛いです。
아따마가 즈끼즈끼또 이따이데스

💬 현기증이 나요.
めまいがします。
메마이가 시마스

💬 현기증이 나서 눈 앞이 어둑어둑해요.
めまいがして、目の前がくらくらするんです。
메마이가 시떼 메노 마에가 쿠라꾸라스룬데스

💬 갑자기 현기증이 나서 일어날 수 없는 상태가 요 며칠 계속 되요.
急にめまいがして、起きられなくなることがここ何日続くんです。
큐-니 메마이가 시떼 오끼라레나꾸 나루 코또가 코꼬난니찌 츠즈꾼데스

💬 열이 안 내려가서 아무것도 못 먹었어요.
熱が下がらなくて、何も食べられないんです。
네쯔가 사가라나꾸떼 나니모 타베라레나인데스

💬 열이 내려가지 않아요.
熱が下がらないんです。
네쯔가 사가라나인데스

💬 머리가 깨질 듯이 아파요.
頭が割れそうに痛みます。
아따마가 와레소-니 이따미마스

💬 두통과 발열이 있고, 목도 아파요.
頭痛と発熱があって、喉も痛いんです。
즈쯔-또 하쯔네쯔가 앗떼 노도모 이따인데스

💬 코피가 나요.
鼻血が出ます。
하나지가 데마스

💬 목이 쉬었어요.
喉がかれました。
노도가 카레마시따
喉がしゃがれました。
노도가 샤가레마시따

내과 – 소화기

💬 배가 아파요.
腹が痛みます。
하라가 이따미마스

💬 배가 콕콕 쑤시듯 아파요.
お中がちくちく刺すように痛いです。
오나까가 치꾸찌꾸 사스요-니 이따이데스

💬 아랫배에 통증이 있어요.
下腹に痛みがあります。
시타바라니 이따미가 아리마스

💬 배탈이 났어요.
腹をこわしました。
하라오 코와시마시따

💬 구역질이 나요.
吐き気を催します。
하끼께오 모요오시마스
吐き気がします。
하끼께가 시마스

💬 먹으면 바로 토해 버려요.
食べると、すぐ吐いてしまう。
타베루또 스구 하이떼 시마우

💬 속이 거북해요.

腹の具合がちょっと悪いです。

하라노 구아이가 춋또 와루이데스

💬 신트림이 나요.

すっぱい液のでるげっぷがでる。

습빠이 에끼노 데루 겝뿌가 데루

💬 설사를 합니다.

下痢をします。

게리오 시마스

💬 어제부터 내내 설사예요.

昨日からずっと下痢です。

키노-까라 즛또 게리데스

💬 위가 아파요.

むねやけがします。

무네야께가 시마스

💬 위가 쑤시듯이 아파요.

胃がキリキリ痛むんです。

이가 키리키리 이따문데스

💬 소화불량인지 구역질이 멈추지 않아요.

消化不良なのか、吐き気が止まらないんです。

쇼-까후료-나노까 하끼께가 토마라나인데스

💬 배가 불룩해져서 가스가 차요.

お腹がふくれて、ガスがたまってるんです。

오하라가 후꾸레떼 가스가 타맛떼룬데스

💬 변비가 좀처럼 낫지 않아요.

便秘がなかなか治りません。

벰삐가 나까나까 나오리마셍

병원 과목 관련 어휘

内科 내과

精神科 정신과

眼科 안과

小児科 소아과

耳鼻咽喉科 이비인후과

成形外科 성형외과

泌尿器か 비뇨기과

外科 외과

歯科 치과

皮膚科 피부과

神経外科 신경외과

産婦人科 산부인과

整形外科 정형외과

치과 상담

💬 이가 몹시 아파요.
歯がとても痛いです。
하가 토떼모 이따이데스

💬 이가 쿡쿡 쑤셔요.
歯がずきずき痛みます。
하가 즈끼즈끼 이따미마스

💬 이가 약간 아픕니다.
歯がちょっと痛みます。
하가 쫏또 이따미마스

💬 치통이 있어요. 이 어금니가 아파요.
歯痛があります。この奥歯が痛いです。
시쯔-가 아리마스 코노 오꾸바가 이따이데스

💬 먹을 때마다 이가 아파서 아무것도 먹을 수 없습니다.
食べると歯が痛いので何も食べられません。
타베루또 하가 이따이노데 나니모 타베라레마셍

💬 치통 때문에 음식을 잘 씹을 수가 없습니다.
歯が痛いので食べ物をうまく噛むことができません。
하가 이따이노데 타베모노오 우마꾸 카무 코또가 데끼마셍

💬 이를 때운 것이 빠져 버렸습니다.

歯の詰め物がとれてしまいました。

하노 츠메모노가 토레떼 시마이마시따

💬 찬 음식을 먹으면 이가 시려요.

冷たい食べ物を食べると、歯が凍みます。

츠메따이 타베모노오 타베루또 하가 시미마스

💬 이 닦을 때, 잇몸에서 피가 나요.

歯を磨く時、歯茎から血が出ます。

하오 미가꾸 토끼 하구끼까라 치가 데마스

💬 잇몸이 너무 부어 잠을 잘 수가 없어요.

歯茎が腫れすぎて、眠れません。

하구끼가 하레스기떼 네무레마셍

💬 잇몸 염증이 생긴 것 같아, 구취가 걱정되요.

歯肉炎になったらしくって、口臭が気になるんです。

시니꾸엔니 낫따라시꿋떼 코-슈-가 키니 나룬데스

💬 잇몸에 가끔 통증이 약간 있습니다.

歯肉に時々鈍い痛みがあります。

시니꾸니 토끼도끼 니부이 이따미가 아리마스

💬 축구를 하다 이가 부러졌어요.

サッカーしてたら歯が折れました。

삭카-시떼따라 하가 오레마시따

치과 – 발치&사랑니

💬 이 하나가 흔들립니다.
歯の一つがぐらつきます。
하노 히또쯔가 구라쯔끼마스

💬 이를 빼야 할 것 같아요.
歯を抜かないといけないかと思いますが。
하오 누까나이또 이께나이까또 오모이마스가

💬 사랑니가 났어요.
親知らずが生えます。
오야시라즈가 하에마스

💬 사랑니가 욱신거린다.
親知らずが痛む。
오야시라즈가 이따무

💬 사랑니를 뽑는 게 좋겠어요.
親知らずを抜く方がいいです。
오야시라즈오 누꾸 호-가 이-데스

💬 사랑니는 아직 뽑지 않는 게 좋겠어요.
親知らずはまだ抜かない方がいいです。
오야시라즈와 마다 누까나이 호-가 이-데스

💬 사랑니는 일찍 처리하지 않으면 충치가 생기기 쉬워요.

親知らずは、早めに処理しないと、虫歯になりやすいよ。

오야시라즈와 하야메니 쇼리시나이또 무시바니 나리야스이요

치과 – 충치

💬 충치가 있는 것 같습니다.

虫歯があると思います。

무시바가 아루또 오모이마스

💬 아래 어금니에 충치가 생겼어요.

下の奥歯が虫歯になりました。

시따노 오꾸바가 무시바니 나리마시따

💬 충치가 쉽게 뽑혔어요.

虫歯がたやすく抜けました。

무시바가 타야스꾸 누께마시따

💬 충치가 밤새 들이쑤셔요.

虫歯が夜通しうずきました。

무시바가 요도-시 우즈끼마시따

💬 충치에 아말감을 충전합니다.
虫歯にアマルガムを充填します。
무시바니 아마루가무오 쥬-뗀시마스

💬 충치가 근뎅근뎅 흔들린다.
虫歯がぐらぐらします。
무시바가 구라구라시마스

치과 - 기타

💬 스케일링 해 주세요.

歯石取ってください。
시세끼 돗떼 쿠다사이

スケーリングしてください。
스케-링구시떼 쿠다사이

💬 치실을 사용하시는 게 좋겠어요.

フロスを使う方がいいでしょ。
후로즈오 츠까우 호-가 이-데쇼

💬 치아 미백은 금방 되나요?

歯のホワイトニングって、すぐできますか。
하노 호와이토닝굿떼 스구 데끼마스까

💬 교정하고 싶은데, 눈에 안 띄는 것은 없나요?

矯正したいんですけど、目立たないものはないですか。
쿄-세-시따인데스께도 메다따나이 모노와 나이데스까

💬 치석을 제거해 주세요.

歯のやにを取ってください。
하노 야니오 돗떼 쿠다사이

💬 치주염이네요.

歯周病ですね。
시슈-뵤-데스네

피부과&안과

💬 온몸에 온통 두드러기가 났어요.
全身一面にぶつぶつができました。
젠싱 이찌멘니 부쯔부쯔가 데끼마시따

💬 물집이 생겼어요.
まめができました。
마메가 데끼마시따
水ぶくれができました。
미즈부꾸레가 데끼마시따

💬 발진이 심해요.
発疹がすごいです。
핫싱가 스고이데스

💬 무좀이 심합니다.
水虫がひどいです。
미즈무시가 히도이데스

💬 눈에 뭐가 들어갔어요.
目に何か入りました。
메니 나니까 하이리마시따

💬 눈이 충혈되어 있어요.
目が充血してます。
메가 쥬-께쯔시떼마스

💬 시력검사를 해 봅시다.
視力検査をしてみましょう。
시료꾸껜사오 시떼 미마쇼-

이비인후과&기타

💬 꽃가루 알레르기가 있어요.
花粉症があります。
카훈쇼-가 아리마스

💬 편도선이 굉장히 부어서 침을 삼켜도 아파요.
扁桃腺がすごく腫れて唾を飲んでも痛いんです。
헨또-셍가 스고꾸 하레떼 츠바오 논데모 이따인데스

💬 오른쪽 귀가 쑤시고 아파요.
右の耳がうずいて痛いんです。
미기노 미미가 우즈이떼 이따인데스

💬 생리를 건너뛰었어요.
生理が飛びました。
세-리가 토비마시따

💬 입덧인 것 같아요.
つわりと思います。
츠와리또 오모이마스

💬 간질을 일으켜요.
癲癇を起こすんです。
텡깡오 오꼬슨데스

입원&퇴원

💬 입원 수속을 하려고 하는데요.
入院手続きをしたいんですけど。
뉴-잉 테쯔즈끼오 시따인데스께도

💬 입원해야 합니까?
入院しなければなりませんか。
뉴-인시나께레바 나리마셍까

💬 즉시 입원 수속을 해야 합니다.
すぐ入院手続きをしなければなりません。
스구 뉴-잉 테쯔즈끼오 시나께레바 나리마셍

💬 얼마나 입원해야 합니까?
どのくらい入院しなければなりませんか。
도노꾸라이 뉴-인시나께레바 나리마셍까

💬 입원에도 건강보험이 적용됩니까?
入院でも医療保険がききますか。
뉴-인데모 이료-호껭가 키끼마스까

💬 아직은 안정을 취하는 게 좋아.
まだ安静にしてた方がいいわよ。
마다 안세-니 시떼따 호-가 이-와요

💬 입원해 있는 환자에게는 화분은 금물이에요. 뿌리가 붙는다고 해서 '잠이 붙는다'는 의미가 있어요.
入院してる患者に鉢植えは禁物だよ。「寝が付く」で寝付くと言う意味があるからね。
뉴-인시떼루 칸쟈니 하찌우에와 킴모쯔다요 「네가 츠꾸」데 네쯔꾸또 이우 이미가 아루까라네

💬 빨리 퇴원하고 싶어.
早く退院したいな。
하야꾸 타이인시따이나

💬 곧 퇴원할 수 있나 봐요. 괜한 걱정 끼쳤어요.
すぐ退院できるらしいです。ご心配お掛けしました。
스구 타이인 데끼루라시-데스 고심빠이 오까께시마시따

💬 내일 퇴원한대.
明日退院するんだってね。
아시따 타이인스룬닷떼네

중환자&수술

💬 그는 위독한 상태입니다.
彼は病気が重い状態です。
카레와 뵤-끼가 오모이 죠-따이데스

💬 이 달을 넘기기 힘들 것 같습니다.
今月をのり越えることはきびしいと思います。
콩게쯔오 노리꼬에루 코또와 키비시-또 오모이마스

💬 수술을 받아야 하나요?
手術を受けなければなりませんか。
슈쥬쯔오 우께나께레바 나리마셍까

💬 수술 받은 적이 있나요?
手術を受けたことがありますか。
슈쥬쯔오 우께따 코또가 아리마스까

💬 제왕절개 수술을 했습니다.
帝王切開を受けました。
테-오-섹까이오 우께마시따

💬 맹장수술을 했습니다.
盲腸を手術しました。
모-쬬-오 슈쥬쯔시마시따

💬 라식 수술에 드는 비용은 얼마입니까?
ラーシック手術にかかる費用はいくらですか。
라-식쿠 슈쥬쯔니 카까루 히요-와 이꾸라데스까

병원비&보험

💬 진찰료는 얼마입니까?
診察料はいくらですか。
신사쯔료-와 이꾸라데스까

💬 건강보험이 있나요?
医療保険がありますか。
이료-호껭가 아리마스까

💬 저는 건강보험에 들어 있어요.
私は医療保険があります。
와따시와 이료-호껭가 아리마스

💬 저는 보험이 없어요.
私は保険がありません。
와따시와 호껭가 아리마셍

💬 모든 비용이 보험 적용이 되나요?
すべての費用は保険がききますか。
스베떼노 히요-와 호껭가 키끼마스까

💬 반액만 보험 적용이 됩니다.
半額だけ保険適用になります。
항가꾸다께 호껭 테끼요-니 나리마스

💬 일부 의약은 보험 적용이 안 됩니다.
一部医薬は保険適用がききません。
이찌부 이야꾸와 호껭 테끼요-가 키끼마셍

문병

💬 병원에 문병을 갔어.
病院にお見舞いに行った。
뵤-인니 오미마이니 잇따

💬 빨리 좋아지세요.
早く、元気になってね。
하야꾸 겡끼니 낫떼네

💬 요시다 씨 병실은 어디입니까?
吉田さんの病室はどこですか。
요시다산노 뵤-시쯔와 도꼬데스까

💬 생각보다 훨씬 건강해 보이네요.
思ったよりずっと元気そうですね。
오못따요리 즛또 겡끼소-데스네

💬 다 나았어.
全快したよ。
젠까이시따요

💬 꼭 건강해질 겁니다.
きっと元気になりますよ。
킷또 겡끼니 나리마스요

💬 아무쪼록 몸조리 잘하세요.
くれぐれもお大事に。
쿠레구레모 오다이지니

💬 빨리 회복되기를 바랍니다.
早く回復するように願います。
하야꾸 카이후꾸스루요–니 네가이마스

💬 건강하십시오.
お元気になってください。
오겡끼니 낫떼 쿠다사이

💬 심각한 병이 아니길 바랍니다.
重い病気ではないことを祈ります。
오모이 뵤–끼데와 나이 코또오 이노리마스

💬 편찮으시다니 유감입니다.
体が悪いなんて残念です。
카라다가 와루이난떼 잔넨데스

💬 면회 시간은 몇 시까지예요?
面会時間は何時までですか。
멩까이 지깡와 난지마데스까

💬 문병 가는데 무엇을 들고 가면 좋을까?
お見舞いに、何を持っていけばいいかな。
오미마이니 나니오 못떼 이께바 이–까나

저방전

💬 처방전을 써 드리겠습니다.
処方箋を書いて渡します。
쇼호-셍오 카이떼 와따시마스

💬 사흘치 약을 처방해 드리겠습니다.
三日分の薬を処方いたします。
믹까분노 쿠스리오 쇼호-이따시마스

💬 처방전 없이는 약을 사실 수 없습니다.
処方箋がなければ薬を買うことができません。
쇼호-셍가 나께레바 쿠스리오 카우 코또가 데끼마셍

💬 약에 알레르기가 있습니까?
薬にアレルギーがありますか。
쿠스리니 아레루기-가 아리마스까

💬 이 약을 드시면 졸음이 올 겁니다.
この薬を飲んだら眠気がさします。
코노 쿠스리오 논다라 네무께가 사시마스

💬 현재 복용하는 약이 있나요?
今、服用している薬はありますか。
이마 후꾸요-시떼 이루 쿠스리와 아리마스까

💬 이 약에 부작용은 없나요?
この薬に副作用はありませんか。
코노 쿠스리니 후꾸사요-와 아리마셍까

약국 – 복용 방법

💬 이 처방전대로 조제해 주세요.
この処方せんで調剤してください。
코노 쇼호-센데 쵸-자이시떼 쿠다사이

💬 이 약은 어떻게 먹으면 됩니까?
この薬はどうやって飲めばいいですか。
코노 쿠스리와 도-얏떼 노메바 이-데스까

💬 몇 알씩 먹어야 하나요?
何錠ずつ飲まなければならないですか。
난죠-즈쯔 노마나께레바 나라나이데스까

💬 다섯 시간마다 한 알씩 복용하세요.
5時間ごとに一錠ずつ服用してください。
고지깡고또니 이찌죠-즈쯔 후꾸요-시떼 쿠다사이

💬 이 약을 1일 3회 한 알 식전에 복용하세요.
この薬を一日3回一錠ずつ食前に服用してください。
코노 쿠스리오 이찌니찌 상까이 이찌죠-즈쯔 쇼꾸젠니 후꾸요-시떼 쿠다사이

약국 – 약 구입

💬 감기약 좀 주세요.
風邪薬お願いします。
카제구스리 오네가이시마스

💬 반창고 한 통 주세요.
絆創膏一箱お願いします。
반소-꼬- 히또하꼬 오네가이시마스

💬 붕대랑 탈지면 주세요.
包帯と脱紙面をください。
호-따이또 닷시멩오 쿠다사이

💬 진통제 있나요?
鎮痛剤、ありますか。
친쯔-자이 아리마스까

💬 가루약은 못 먹으니까, 알약으로 주세요.
粉薬は飲めないんで、錠剤でください。
코나구스리와 노메나인데 죠-자이데 쿠다사이

💬 두통에 잘 듣는 약 있나요?
頭痛にきくお薬もらえますか。
즈쯔-니 키꾸 오꾸스리 모라에마스까

Unit 4 은행&우체국

은행 – 계좌

💬 저축 계좌를 개설하고 싶습니다.
貯蓄口座を設けたいです。
쵸찌꾸 코-자오 모-께따이데스

💬 어떤 종류의 예금을 원하십니까?
どんな種類の預金がよろしいですか。
돈나 슈루이노 요낑가 요로시-데스까

💬 저축예금인가요, 아니면 당좌예금인가요?
貯蓄預金ですか、当座預金ですか。
쵸찌꾸 요낀데스까 토-자 요낀데스까

💬 이자는 어떻게 됩니까?
利息はどうなりますか。
리소꾸와 도-나리마스까

💬 신분증을 보여 주시겠어요?
身分証を見せていただけますか。
미분쇼-오 미세떼 이따다께마스까

💬 체크카드도 만드시겠습니까?
デビットカードもおつくりしましょうか。
데빗토카-도모 오쯔꾸리시마쇼-까

💬 은행 계좌를 해지하고 싶습니다.
銀行の口座を解約したいです。
긴꼬-노 코-자오 카이야꾸시따이데스

💬 새로 통장을 만들고 싶은데요.
新しい通帳を作りたいんですが。
아따라시- 츠-쵸-오 츠꾸리따인데스가

💬 전화랑 인터넷으로도 잔고 조회가 가능합니다.
電話やインターネットでも残高照会可能です。
뎅와야 인타-넷토데모 잔다까쇼-까이 카노-데스

💬 제 계좌의 거래내역을 확인하고 싶은데요.
私の口座の取り引きを確認したいですが[けど]。
와따시노 코-자노 토리히끼오 카꾸닌시따이데스가[게도]

💬 정기예금이 만기가 되었어요.
定期預金が満期になりました。
테-끼 요낑가 망끼니 나리마시따

💬 이상한 거래 내역이 있는지 정기적으로 계좌를 확인해야 합니다.
おかしい取り引き内訳があるかどうか定期的に口座を確認しなければならない。
오까시- 토리히끼 우찌와께가 아루까 도-까 테-끼떼끼니 코-자오 카꾸닌시나께레바 나라나이

💬 인터넷뱅킹을 신청하고 싶은데요.

インターネットバンキングを申し込みたいのですが。

인타-넷도방킹구오 모-시꼬미따이노데스가 뉴-낀시떼 호시-ㄴ데스가

은행&주식 관련 어휘

通帳(つうちょう) 통장　　**印鑑(いんかん)** 도장

口座(こうざ) 계좌　　**貯金(ちょきん)** 저축

残高(ざんだか) 잔고　　**預(あず)ける** 예금하다

暗証番号(あんしょうばんごう) 비밀번호

振(ふ)り込(こ)む 이체하다

ボタン(ぼたん)を押(お)す 버튼을 누르다

カードを入(い)れる 카드를 넣다

お金(かね)を引(ひ)き出(だ)す 돈을 인출하다

現金(げんきん) 현금　　**お札(さつ)** 지폐

小切手(こぎって) 수표　　**利子(りし)** 이자

利率(りりつ) 이율　　**株(かぶ)** 주식

株価(かぶか) 주가　　**優良株(ゆうりょうかぶ)** 우량주

投資(とうし) 투자　　**証券(しょうけん)** 증권

입출금

💬 입금하고 싶은데요.
入金して欲しいんですが。
뉴-낑시떼 호시-ㄴ데스가

💬 오늘, 얼마를 예금하시겠습니까?
今日、いくらを預け入れますか。
쿄-, 이꾸라오 아즈께이레마스까

💬 2만엔을 예금하려 합니다만.
2万円を入金したいんですが[けど]。
니망엥오 뉴-낑시따인데스가[께도]

💬 얼마를 인출하려 하십니까?
いくらを下ろしますか。
이꾸라오 오로시마스까

💬 만엔을 인출하려 합니다.
1万円を下ろします。
이찌망엥오 오로시마스

송금

💬 이 계좌로 송금해 주세요.
この口座に送金してください。
코노 코-자니 소-낀시떼 쿠다사이

💬 국내 송금인가요, 해외 송금인가요?
国内送金ですか、海外送金ですか。
코꾸나이 소-낀데스까 카이가이 소-낀데스까

💬 캐나다로 송금하고 싶습니다.
カナダに送金したいです。
카나다니 소-낀시따이데스

💬 이체 수수료가 있습니까?
引き落としの手数料はありますか。
히끼오또시노 테스-료-와 아리마스까

💬 수수료는 150엔입니다.
手数料は150円です。
테스-료-와 햐꾸고쥬-엔데스

ATM

💬 현금지급기는 어디에 있나요?

ATM はどこにありますか。
에-티-에무와 도꼬니 아리마스까

💬 어떻게 돈을 입금하나요?

どうやってお金を入金しますか。
도-얏떼 오까네오 뉴-낀시마스까

💬 여기에 카드를 넣어 주세요.

ここにカードをお入れください。
코꼬니 카-도오 오이레쿠다사이

💬 비밀번호를 입력하세요.

パスワードを入力してください。
파스와-도오 뉴-료꾸시떼 쿠다사이

💬 계좌 잔고가 부족합니다.

口座の残高が不足です。
코-자노 잔다까가 후소꾸데스

💬 잔액조회 버튼을 누르세요.

残高の問い合わせのボタンをおしてください。
잔다까노 토이아와세노 보탕오 오시떼 쿠다사이

Chapter 04

Unit 4 은행&우체국

💬 입금하시려면, 2층 현금지급기를 이용해 주세요.

ご入金される場合は、2階のATMをご利用ください。
고뉴―낀사레루 바아이와 니까이노 에―티―에무오 고리요―쿠다사이

💬 현금지급기는 몇 시까지 사용 가능한가요?

ATMは何時まで利用できますか。
에―티―에무와 난지마데 리요―데끼마스까

💬 현금지급기에 문제가 생겼어요.

ATMに問題が起こりました。
에―티―에무니 몬다이가 오꼬리마시따

💬 기계가 카드를 먹어 버렸어요.

ATMからカードが出て来ないんです。
에―티―에무까라 카―도가 데떼 코나인데스

💬 현금카드가 손상됐어요.

キャッシュカードが損傷しました。
캿슈카―도가 손쇼―시마시따

💬 현금카드를 재발급 받고 싶은데요.

キャッシューカード再発行したいです。
캿슈카―도 사이학꼬―시따이데스

329

신용카드

💬 신용카드를 신청하고 싶은데요.

クレジットカードを申請したいですが。

쿠레짓토카-도오 신세-시따이데스가

💬 카드가 언제 발급되나요?

クレジットカードいつ発行されますか。

쿠레짓토카-도 이쯔 학꼬-사레마스까

💬 사용한도액이 어떻게 되나요?

使用限度額がいくらですか。

시요-겐도가꾸가 이꾸라데스까

💬 유효 기간은 언제까지인가요?

有効期間はいつまでですか。

유-꼬- 키깡와 이쯔마데데스까

💬 최근 신용카드 사용내역을 확인하고 싶은데요.

最近のクレジットカードの使用明細を確認したいですが。

사이낀노 쿠레짓토카-도노 시요-메-사이오 카꾸닌시따이데스가

💬 신용카드를 도난 당했어요. 해지해 주세요.

クレジットカードを盗難されました。解約してください。

쿠레짓토카-도오 토-난사레마시따 카이야꾸시떼 쿠다사이

환전

💬 환전할 수 있습니까?
両替できますか。
료-가에데끼마스까

💬 원화를 엔화로 환전하고 싶습니다.
韓国のウォンを円で両替したいです。
캉꼬꾸노 웡오 엔데 료-가에시따이데스

💬 여행자 수표를 엔화로 환전하고 싶은데요.
トラベラーズチェックを円で両替したいのですが。
토라베라-즈첵쿠오 엔데 료-가에시따이노데스가

💬 환전한 금액의 10%를 수수료로 받고 있습니다.
両替した金額の10パーセントを手数料でいただいております。
료-가에시따 킨가꾸노 쥽파-센토오 테스-료-데 이따다이떼 오리마스

💬 전액 1,000엔 지폐로 주세요.
全額1000円の紙幣でお願いします。
젱가꾸 셍엔노 시헤-데 오네가이시마스

💬 길 건너편에 환전소가 있습니다.
道の向こう側に両替所があります。
미찌노 무꼬-가와니 료-가에죠가 아리마스

환율

💬 오늘 환율이 어떻게 됩니까?
今日のレートがどうですか。
쿄-노 레-토가 도-데스까
今日のレートがいくらですか。
쿄-노 레-토가 이꾸라데스까

💬 오늘 엔화 환율이 어떻게 되나요?
今日円のレートがどうですか。
쿄- 엔노 레-토가 도-데스까

💬 원화를 엔화로 바꿀 때 환율이 어떻게 되나요?
ウォンを円に換える時、レートがどうなりますか。
웡오 엔니 카에루 토끼 레-토가 도-나리마스까

💬 오늘 환율은 100엔에 1,300원입니다.
今日レートは百円が1300ウォンです。
쿄- 레-토와 햐꾸엥가 센삼뱌꾸원데스

💬 100엔에 1,300원의 환율로 환전했어요.
百円を1300ウォンのレートで両替しました。
햐꾸엥오 센삼뱌꾸원노 레-토데 료-가에시마시따

💬 환율이 최저치로 떨어졌어요.
レートが最低の価格まで落ちました。
레-토가 사이떼-노 카까꾸마데 오찌마시따

은행 기타

💬 잔돈으로 교환해 주시겠어요?
小銭で交換してくれませんか。
코제니데 코-깐시떼 쿠레마셍까

💬 전부 1,000엔짜리 지폐로 주세요.
全部1000円札でください。
젬부 셍엔사쯔데 쿠다사이

💬 전부 현금으로 주세요.
全部キャッシュでください。
젬부 캇슈데 쿠다사이

💬 은행 창구는 3시까지입니다.
銀行の窓口は3時までです。
깅꼬-노 마도구찌와 산지마데데스

💬 월말에는 은행이 붐벼요.
月末は銀行が込んでいます。
게쯔마쯔와 깅꼬-가 콘데 이마스

우체국 - 편지 발송

💬 80엔짜리 우표 세 장 주세요.
80円の切手三枚お願いします。
하찌쥬-엔노 킷떼 삼마이 오네가이시마스

💬 이 편지 요금이 얼마입니까?
この手紙の料金がいくらですか。
코노 테가미노 료-낑가 이꾸라데스까

💬 우편 요금은 착불입니다.
郵便料金は着払いです。
유-빈료-낑와 챠꾸바라이데스

💬 빠른 우편으로 보내는 비용은 얼마인가요?
速達で送る料金はいくらですか。
소꾸따쯔데 오꾸루 료-낑와 이꾸라데스까

💬 보통 우편인가요, 빠른 우편인가요?
普通郵便ですか、速達郵便ですか。
후쯔-유빈데스까 소꾸따쯔유-빈데스까

💬 빠른 우편으로 부탁합니다.
速達でお願いします。
소꾸따쯔데 오네가이시마스

💬 발신인의 이름과 주소를 어디에 쓰면 됩니까?

発信人の名前と住所はどこに書いたらいいですか。

핫신닌노 나마에또 쥬-쇼와 도꼬니 카이따라 이-데스까

💬 등기 우편으로 보내고 싶은데요.

書留郵便で送りたいのですが。

카끼또메유-빈데 오꾸리따이노데스가

💬 이것을 등기로 보내 주세요.

これを書留にしてください。

코레오 카끼또메니 시떼 쿠다사이

💬 우편번호는 몇 번입니까?

郵便番号は何番ですか。

유-빔방고-와 남방데스까

💬 이 편지를 도쿄로 부치고 싶은데요.

この手紙を東京に出したいんですが。

코노 테가미오 토-꾜-니 다시따인데스가

💬 서울까지 도착하는데 어느 정도 걸립니까?

ソウルまで着くのにどのくらいかかりますか。

소우루마데 츠꾸노니 도노쿠라이 카까리마스까

💬 도착하려면 얼마나 걸리나요?

到着するまでどのぐらいかかりますか。

토-쨔꾸스루마데 도노구라이 카까리마스까

💬 이틀 후에 도착할 겁니다.
二日後に到着します。
후쯔까고니 토-쨔꾸시마스

소포 발송

💬 이 소포를 속달로 보내줬으면 좋겠는데, 내일은 도착합니까?
この小包を速達で送って欲しいんですけど、明日には着きますか。
코노 코즈쯔미오 소꾸따쯔데 오굿데 호시-ㄴ데스께도 아시따니와 쯔끼마스까

💬 소포 무게 좀 달아주시겠어요?
小包の重さ、ちょっと計ってください。
코즈쯔미노 오모사 춋또 하깟떼 쿠다사이

💬 이 소포를 포장해 주세요.
この小包を包装してください。
코노 코즈쯔미오 호-소-시떼 쿠다사이

💬 소포의 내용물은 무엇입니까?
小包の中身は何ですか。
코즈쯔미노 나까미와 난데스까

💬 소포 안은 책이에요.
小包の中身は本です。
코즈쯔미노 나까미와 혼데스

336

💬 조심해 주세요. 깨지기 쉬운 물건입니다.
ご注意ください。割れ物です。
고쮸-이 쿠다사이 와레모노데스

💬 이 소포를 미국으로 보내려고 하는데요.
この小包をアメリカに送りたいですけど。
코노 코즈쯔미오 아메리카니 오꾸리따이데스께도

국제우편&전보 등

💬 항공편인가요, 배편인가요?
航空便ですか、船便ですか。
코-꾸-빈데스까 후나빈데스까

💬 항공우편 요금은 얼마인가요?
航空便の料金はいくらですか。
코-꾸-빈노 료-낑와 이꾸라데스까

💬 전보를 보내고 싶습니다.
電報を送りたいです。
뎀뽀-오 오꾸리따이데스

💬 한 글자에 얼마입니까?
一字当たりいくらですか。
이찌지아따리 이꾸라데스까

💬 판매용 기념우표를 판매합니까?

販売用記念切手を販売していますか。
はんばいよう きねん きって はんばい

함바이요- 키넹킷떼오 함바이시떼 이마스까

💬 만약 반송될 때에는 여기 집으로 반송해 주세요.

もし返送される時は、こちらの自宅の方に送り返してください。
へんそう とき じたく ほう おく
かえ

모시 헨소-사레루 토끼와 코찌라노 지따꾸노 호-니 오꾸리까에시떼 쿠다사이

우체국 관련 어휘

郵便料金(ゆうびんりょうきん) 우편요금

速達(そくたつ) 속달　　**書留(かきとめ)** 등기

普通郵便 보통우편　　**宅配便(たくはいびん)** 택배

小包(こづつみ) 소포　　**航空便(こうくうびん)** 항공편

船便(ふなびん) 배편　　**ポスト** 우체통

切手(きって) 우표　　**ハガキ** 엽서

定型封筒(ていけいふうとう) 규격봉투

記念切手(きねんきって) 기념우표

郵便番号(ゆうびんばんごう) 우편번호

郵便配達人(ゆうびんはいたつじん) 우편배달부

Unit 5 렌터카&주유소

렌터카 이용

💬 이번 토요일에 차를 한 대 빌리고 싶습니다.

今週の土曜日に車を一台借りたいのですが。
콘슈―노 도요―비니 쿠루마오 이찌다이 카리따이노데스가

💬 어떤 차를 원하십니까?

どんな車をご希望ですか。
돈나 쿠루마오 고끼보―데스까

💬 어떤 타입의 차가 좋으시겠습니까?

どのタイプの車がよろしいですか。
돈나 타이푸노 쿠루마가 요로시―데스까

💬 렌터카 목록을 보여 주시겠어요?

レンタカーリストを見せてもらえますか。
렌타카―리스토오 미세떼 모라에마스까

💬 밴을 빌리고 싶어요.

バンを借りたいのですが。
방오 카리따이노데스가

💬 소형차를 빌리고 싶어요.

小型車を借りたいのですが。
코가따샤오 카리따이노데스가

💬 오토매틱밖에 운전을 못 해요.
私はオートマチック車しか運転できません。
와따시와 오-토마찍쿠샤시까 운뗀데끼마셍

💬 어느 정도 운전할 예정입니까?
どのぐらい運転する予定ですか。
도노구라이 운뗀스루 요떼-데스까

💬 닷새간 빌리고 싶습니다.
5日間借りたいのですが。
이쯔까깐 카리따이노데스가

💬 가능하면 지금 바로 빌리고 싶습니다.
できれば、今すぐ借りたいのですが。
데끼레바 이마 스구 카리따이노데스가

💬 렌탈료는 어떻게 됩니까?
レンタルの料金はいくらですか。
렌타루노 료-낑와 이꾸라데스까

💬 1주간 요금은 얼마입니까?
一週間の料金はいくらですか。
잇슈-깐노 료-낑와 이꾸라데스까

💬 하루에 만 엔입니다.
一日で一万円です。
이찌니찌데 이찌망엔데스

💬 한 단계 업그레이드 하면 요금은 얼마 정도 차이가 생기나요?

ワンランクアップグレードすると、料金はいくらくらい差が出ますか。

완랑쿠 압푸구레―도스루또 료―낑와 이꾸라꾸라이 사가 데마스까

💬 보험을 드시겠어요?

保険をかけますか。

호껭오 카께마스까

💬 종합보험을 들어 주세요.

総合保険をかけてください。

소―고―호껭오 카께떼 쿠다사이

💬 어디로 반납해야 하나요?

どこに返さなければならないですか。

도꼬니 카에사나께레바 나라나이데스까

💬 전국 지점 어느 곳으로나 반납이 가능합니다.

全国の支店のどこにでも返却ができます。

젱꼬꾸노 시뗀노 도꼬니데모 헹까꾸가 데끼마스

💬 외국인도 일본에서 렌터카를 빌릴 수 있습니까?

外国人でも日本でレンタカーを借りられますか。

가이꼬꾸진데모 니혼데 렌타카―오 카리라레마스까

주유소

💬 이 근처에 주유소가 있나요?

この辺でガソリンスタンドはありますか。
코노 헨데 가소린스탄도와 아리마스까

💬 주유소에 들려요.

ガソリンスタンドに寄りましょう。
가소린스탄도니 요리마쇼-

💬 가장 가까운 주유소가 어디에 있나요?

一番近いガソリンスタンドはどこにありますか。
이찌방 치까이 가소린스탄도와 도꼬니 아리마스까

💬 기름은 충분해?

ガソリンは十分か？
가소링와 쥬-붕까

💬 기름이 떨어져 가는데.

ガソリンが無くなってる。
가소링가 나꾸낫떼루

💬 기름이 다 떨어졌어. 주유소가 어디에 있지?

ガソリンが無くなった。ガソリンスタンドはどこにある？
가소링가 나꾸낫따 가소린스탄도와 도꼬니 아루

💬 다음 주유소에서 차를 멈춥시다.

次のガソリンスタンドで車を止めましょう。
츠기노 가소린스탄도데 쿠루마오 토메마쇼-

💬 저 주유소에 잠시 들렀다 가자, 기름을 넣어야 해.

あのガソリンスタンドにちょっとよって行こう、ガソリンを入れなきゃ。
아노 가소린스탄도니 춋또 욧떼 이꼬- 가소린오 이레나꺄

💬 그는 주유소에서 차에 기름을 넣고 있어요.

彼はガソリンスタンドで車にガソリンを入れています。
카레와 가소린스탄도데 쿠루마니 가소린오 이레떼 이마스

💬 가득 채워 주세요.

満タンにしてください。
만탄니 시떼 쿠다사이

💬 무연 휘발유로 가득 넣어 주세요.

無鉛ガソリンを満タンにしてください。
무엔 가소린오 만탄니 시떼 쿠다사이

💬 5,000엔어치 넣어 주세요.

5000円分入れてください。
고센엠분 이레떼 쿠다사이

세차&정비

💬 세차해 주세요.
洗車してください。
센샤시떼 쿠다사이

💬 세차하고 왁스를 발라 주세요.
洗車してワックスをかけてください。
센샤시떼 왁쿠스오 카께떼 쿠다사이

💬 세차 요금은 얼마인가요?
洗車の料金はいくらですか。
센샤노 료-낑와 이꾸라데스까

💬 배터리가 떨어졌어요. 충전해 주세요.
バッテリーがあがりました。充電してください。
밧테리-가 아가리마시따 쥬-덴시떼 쿠다사이

💬 타이어 점검해 주세요.
タイヤ、チェックしてください。
타이야 첵쿠시떼 쿠다사이

💬 엔진오일 좀 봐 주시겠어요?
エンジンオイル、ちょっと見てくれませんか。
엔징오이루 춋또 미떼 쿠레마셍까

Unit 6 영화관&기타 공연장

영화관

💬 기분 전환하러 영화 보러 가자.
気分転換するために映画見に行こうよ。
기분뗑깐스루타메니 에-가 미니 이꼬-요

💬 좋은 좌석을 맡기 위해 일찍 영화관에 갈 거야.
いい席を取るために早く映画館に行くよ。
이- 세끼오 토루타메니 하야꾸 에-가깐니 이꾸요

💬 영화관 앞에서 6시 30분에 만나요.
映画館の前で6時30分に会いましょう。
에-가깐노 마에데 로꾸지 산쥼뿐니 아이마쇼-

💬 이건 영화관으로 들어가는 줄이에요.
これは映画館に入るために並んでいる列です。
코레와 에-가깐니 하이루타메니 나란데 이루 레쯔데스

💬 우리는 선착순으로 영화관에 입장했다.
私たちは先着順に映画館に入場した。
와따시따찌와 센짜꾸쥰니 에-가깐니 뉴-죠-시따

💬 영화관에 너무 늦게 도착해서 영화를 처음부터 못 봤어요.

映画館にずいぶん遅く到着したので、映画を最初から見れませんでした。

에-가깐니 즈이붕 오소꾸 토-쨔꾸시따노데 에-가오 사이쇼까라 미레마센데시따

💬 영화관이 초만원이라서 답답했다.

映画館が超満員だから気がかりだった。

에-가깡가 쵸-망인다까라 키가가리닷따

💬 가장 가까운 영화관이 어디에 있습니까?

一番近い映画館はどこですか。

이찌방 치까이 에-가깡와 도꼬데스까

💬 어느 영화관으로 갈 거예요?

どちらの映画館に行くんですか。

도찌라노 에-가깐니 이꾼데스까

💬 그 영화는 이케부쿠로 영화관에서 상영하고 있어요.

その映画は池袋映画館で上映してます。

소노 에-가와 이께부꾸로 에-가깐데 죠-에-시떼마스

영화표

💬 아직 그 영화표 구입이 가능한가요?

まだその映画のチケットの購入ができますか。

마다 소노 에-가노 치켓토노 코-뉴-가 데끼마스까

💬 그는 영화표를 사려고 줄을 서서 기다렸다.

彼は映画のチケットを買うために並んで待ちました。

카레와 에-가노 치켓토오 카우따메니 나란데 마찌마시따

💬 7시 영화표 두 장 주세요.

7時の映画のチケット2枚お願いします。

시찌지노 에-가노 치켓토 니마이 오네가이시마스

💬 영화표 샀니?

映画のチケット買ったの？

에-가노 치켓토 캇따노

💬 죄송하지만, 매진입니다.

すみませんが、売り切れです。

스미마셍가 우리끼레데스

💬 주말 영화표를 예매할 걸 그랬나?

週末の映画のチケットを先に買って置けば良かった。

슈-마쯔노 에-가노 치켓토오 사끼니 캇떼 오께바 요깟따

영화관 에티켓

💬 영화관에서는 음식을 먹을 수 없습니다.
映画館では食べ物を食べられません。
에-가깐데와 타베모노오 타베라레마셍

💬 영화 시작 전에 휴대전화를 꺼 두세요.
映画の始まる前にケータイを切って置いてください。
에-가노 하지마루 마에니 케-타이오 킷떼 오이떼 쿠다사이

💬 앞 좌석의 의자를 발로 차지 마세요.
前の席の椅子を足で蹴らないでください。
마에노 세끼노 이스오 아시데 케라나이데 쿠다사이

💬 상영 중 촬영은 금물입니다.
上映中の撮影は禁止です。
죠-에-쮸-노 사쯔에-와 킨시데스

💬 앞 사람 때문에 화면이 잘 안 보여요.
前の人のせいで画面がよく見えません。
마에노 히또노 세-데 가멩가 요꾸 미에마셍

💬 옆 사람한테 조용히 해 달라고 말 좀 해.
横の人に静かにしてくれと、言って。
요꼬노 히또니 시즈까니 시떼 쿠레또 잇떼

기타 공연

💬 그 연극은 지금 국립극장에서 공연 중이에요.
その演劇は、今国立劇場で公演中です。
소노 엥게끼와 이마 코꾸리쯔 게끼죠-데 코-엔쮸-데스

💬 입장권은 14번가 극장 매표소에서 구입할 수 있어요.
入場券は14番通りの映画館販売所で、購入できます。
뉴-죠-껭와 쥬-욤방또-리노 에-가깡 함바이죠데 코-뉴-데끼마스

💬 이 극장에서 자선공연이 있을 것이다.
この劇場では慈善公演があるようです。
코노 게끼죠-데와 지젱 코-엥가 아루요-데스

💬 저녁에 외식하고 뮤지컬이나 봐요.
夕方、外食してミュージカルでも見よう。
유-가따 가이쇼꾸시떼 뮤-지카루데모 미요-

💬 뮤지컬이 20분 후에 시작해요.
ミュージカルは、20分後に始まります。
뮤-지카루와 니쥽뿡고니 하지마리마스

💬 시민회관에서 정기연주회가 있어요.
市民ホールで定期演奏会があります。
시밍호-루데 테-끼 엔소-까이가 아리마스

Unit 7 술집

술집

💬 나는 퇴근 후에 종종 술집에 들른다.
私は仕事帰りに時々居酒屋に立ち寄る。
와따시와 시고또가에리니 토끼도끼 이자까야니 타찌요루

💬 이 술집은 제 단골집이에요.
この居酒屋は私の行き付けの店です。
코노 이자까야와 와따시노 이끼쯔께노 미세데스

💬 우리 단골 술집에서 한잔 할까?
俺たちの行き付けの飲み屋で一杯飲もうか？
오레따찌노 이끼쯔께노 노미야데 입빠이 노모-까

💬 맥주 맛도 기가 막히고, 생음악도 있는데.
ビールの味もいいし、ライブもあるし。
비-루노 아지모 이-시 라이부모 아루시

💬 이 술집 괜찮은데.
この居酒屋いいね。
코노 이자까야 이-네

💬 우선 맥주 주세요!
とりあえずビール！
토리아에즈 비-루

350

Chapter 04

Unit 7 술집

💬 일 끝나면, 맥주 한잔 살게요.

仕事が終わった後で、ビール一杯おごります。

시고또가 오왓따 아또데 비-루 입빠이 오고리마스

💬 대부분의 술집에는 담배 연기가 자욱하죠.

ほとんどの飲み屋ではタバコの煙がたちこめているでしょう。

호똔도노 노미야데와 타바코노 케무리가 타찌꼬메떼 이루데쇼-

💬 이 술집은 일요일마다 라이브 재즈 공연이 있다.

この飲み屋は日曜日ごとにライブのジャズ公演がある。

코노 노미야와 니찌요-비고또니 라이부노 쟈즈 코-엥가 아루

💬 저 술집에 가서 맥주 한잔 합시다.

あの居酒屋に行ってビール一杯飲みましょう。

아노 이자까야니 잇떼 비-루 입빠이 노미마쇼-

💬 오늘 밤 술집 갈래요?

今夜、居酒屋に行きますか。

콩야 이자까야니 이끼마스까

💬 집에 가는 길에 술 한잔 하자.

家に帰る途中で一杯飲もうよ。

이에니 카에루 토쥬-데 입빠이 노모-요

술 권하기

💬 건배!
乾杯！
캄빠이

💬 건배할까요?
乾杯しようか。
캄빠이시요-까

💬 뭘 위해 건배할까요?
何に乾杯しますか。
나니니 캄빠이시마스까

💬 두 분의 결혼을 축하하며, 건배!
二人の結婚を祝って、乾杯！
후따리노 켁꽁오 이왓떼 캄빠이

💬 한 잔 더 주세요.
もう一杯ください。
모- 입빠이 쿠다사이

💬 한 잔 더 할래?
もう一杯飲みましょうか。
모- 입빠이 노미마쇼-까

💬 좀 더 마시자!

もうちょっと飲みましょう。
모- 춋또 노미마쇼-

💬 제가 한 잔 따라 드릴까요?

私が一杯つぎましょうか。
와따시가 입빠이 츠기마쇼-까

💬 오늘, 실컷 마시자고!

今日、思いきり飲みましょう！
쿄- 오모이끼리 노미마쇼-

💬 쭉 마셔요!

どんどん飲んじゃってよ！
돈동 논쟛떼요

💬 원샷이 내 전공이지.

私はいつも一気飲みだ。
와따시와 이쯔모 익끼노미다

💬 술은 뭘로 할래요?

何の酒を飲みたいですか。
난노 사께오 노미따이데스까

💬 우선 맥주부터 드실래요?

まず、ビールから飲みますか。
마즈 비-루까라 노미마스까

💬 맥주를 더 할래요, 아니면 위스키를 할래요?

ビールをもっと飲みますか、ウイスキーを飲みますか。
비-루오 못또 노미마스까 우이스키-오 노미마스까

💬 와인은 레드랑 화이트랑 어떤 것을 좋아해?

ワインは赤と白、どっちが好き？
와잉와 아까또 시로 돗찌가 스끼

💬 다시 생각해 보니 맥주가 좋겠네요.

いや、やっぱりビールの方がいいです。
이야 얍빠리 비-루노 호-가 이-데스

よく考えたら、ビールの方がいいです。
요꾸 캉가에따라 비-루노 호-가 이-데스

💬 생맥주 중간 짜리로 두 잔 주세요.

生中二つください。
나마쮸- 후따쯔 쿠다사이

💬 맥주로 건배합시다.

ビールで乾杯しましょう。
비-루데 깜빠이시마쇼-

💬 여름에는 역시 맥주군요.

夏はやっぱりビールだよね。
나쯔와 얍빠리 비-루다요네

💬 스카치 위스키를 얼음에 타 주세요.

スコッチウイスキーをロックでください。
스꼿치우이스키-오 록쿠데 쿠다사이

💬 위스키에 물을 타 줄래요?

ウイスキーを水割りにしてくれませんか。
우이스키-오 미즈와리니 시떼 쿠레마셍까

안주 고르기

💬 안주로는 뭐가 있나요?

どんなおつまみがありますか。
돈나 오츠마미가 아리마스까

💬 술안주는 뭘 좋아해요?

お酒のおつまみは何が好きですか。
오사께노 오츠마미와 나니가 스끼데스까

💬 술 마시면서 안주를 뭔가 시켜요.

酒を飲みながらおつまみを何か注文しましょう。
사께오 노미나가라 오쯔마미오 나니까 츄-몬시마쇼-

💬 이건 와인과 어울리는 안주예요.

これはワインに合うおつまみです。
코레와 와인니 아우 오쯔마미데스

💬 맥주랑 같이 뭘 드실래요?

ビールと何を召し上がりますか。
비-루또 나니오 메시아가리마스까

💬 술안주로는 이게 최고죠.

お酒のおつまみにはこれが一番です。
오사께노 오쯔마미니와 코레가 이찌반데스

💬 안주로 먹을 만한 게 없는데요.

おつまみらしいものがありません。

오쯔마미라시- 모노가 아리마셍

일본인에게 선물할 때 주의하세요!

선물은 주는 사람도 받는 사람도 즐겁게 합니다.
그런데 나라마다 문화의 차이가 있어 주의해야 할 점이 있습니다.
일본에서는 어떤 점을 삼가야 할까요?

칼은 자살을 상징한다고 생각하기 때문에 선물하지 않습니다.
일본인들은 짝수를 좋아하지만, 4し四는 '죽을 사し死'를
연상시키므로 피합니다.

빗くし은 괴롭게 죽는다는 의미의 쿠시쿠し 苦死와 발음이 같아
선물로 기피합니다.

흰색은 죽음의 색이라고 여기므로 흰 종이에 포장하거나 흰 꽃은
선물하지 않습니다.

병문안을 간다면 화분은 안 됩니다. 뿌리를 내린다는 네즈쿠ねづ
く根付く와 병으로 몸져눕는다는 네즈쿠ねつく寝付く와 발음이
비슷하기 때문이죠.

여우 그림은 풍부함을, 너구리 그림은 교활을 의미하기 때문에
주의해야 합니다.

Chapter 05

긴급상황도 OK!

Unit 1 응급상황
Unit 2 길을 잃음
Unit 3 사건&사고
Unit 4 장례

Unit 1 응급상황

응급상황

💬 응급 상황이에요.
緊急の状況です。
킹뀨ー노 죠ー꾜ー데스

💬 병원까지 저를 데려다 주시겠어요?
病院まで私を連れて行ってもらえますか。
뵤ー임마데 와따시오 츠레떼 잇떼 모라에마스까

💬 친구가 쓰러져서 의식이 없습니다.
友達が倒れて意識不明です。
토모다찌가 타오레떼 이시끼후메ー데스

💬 다리를 심하게 다쳤어요.
足をひどく怪我しました。
아시오 히도꾸 케가시마시따

💬 응급실이 어디죠?
救急センターはどこですか。
큐ー뀨ー 센터ー와 도꼬데스까

💬 당장 그에게 응급 처치를 해야 해.
すぐ彼に応急手当をしなければ。
스구 카레니 오ー뀨ー떼아떼오 시나께레바

359

구급차

💬 구급차를 보내 주세요.
救急車をお願いします。
큐-뀨-샤오 오네가이시마스

💬 구급차를 불러 주세요.
救急車を呼んでください。
큐-뀨-샤오 욘데 쿠다사이

💬 움직이지 못하게 하고 구급차가 도착할 때까지 기다려 주세요.
動かないようにして救急車が到着するまでお待ちください。
우고까나이요-니 시떼 큐-뀨-샤가 토-쨔꾸스루마데 오마찌꾸다사이

💬 구급차가 바로 갈 겁니다.
救急車がすぐ行きます。
큐-뀨-샤가 스구 이끼마스

💬 구급차가 올 때까지 제가 할 수 있는 것이 있나요?
救急車が来るまで私にできることはありますか。
큐-뀨-샤가 쿠루마데 와따시니 데끼루 코또와 아리마스까

💬 미우라 씨는 구급차 들것에 눕혀졌다.
三浦さんは救急車の担架に乗せられた。
미우라상와 큐-뀨-샤노 탕까니 노세라레따

Unit 2 길을 잃음

길을 잃음

💬 길을 잃었어요.

道に迷いました。
미찌니 마요이마시따

💬 지금 있는 곳이 어디인가요?

今いる所はどこですか。
이마 이루 토꼬로와 도꼬데스까

💬 여기가 어디인지 모르겠어요.

ここがどこか分かりません。
코꼬가 도꼬까 와까리마셍

💬 주변에 보이는 것을 말씀해 주시겠어요?

周りに見えるものをおっしゃってもらえますか。
마와리니 미에루 모노오 옷샷떼 모라에마스까

미아

💬 딸을 잃어버렸어요.
娘とはぐれてしまいました。
무스메또 하구레떼 시마이마시따

💬 어디에서 잃어버리셨나요?
どこではぐれてしまいましたか。
도꼬데 하구레떼 시마이마시따까

💬 인상착의를 알려 주세요.
顔や服の特徴を教えてください。
카오야 후꾸노 토꾸쬬-오 오시에떼 쿠다사이

💬 여섯 살 난 제 아이가 사라졌어요.
6歳の私の子供がいなくなりました。
록사이노 와따시노 코도모가 이나꾸나리마시따

💬 미아 방송을 해 주시겠어요?
迷子の放送をしてもらえますか。
마이고노 호-소-오 시떼 모라에마스까

💬 미아보호소가 어디예요?
迷子の保護センターはどこですか。
마이고노 호고 센타-와 도꼬데스까

💬 미아 광고를 냅시다.
迷子の広告を出しましょう。
마이고노 코-꼬꾸오 다시마쇼-

Unit 3 사건&사고

분실사고

💬 분실물 보관소는 어디인가요?

落とし物保管所はどこですか。
오또시모노 호깐죠와 도꼬데스까

💬 언제 어디에서 분실하셨나요?

いつどこで落としましたか。
이쯔 도꼬데 오또시마시따까

💬 신용카드를 잃어버렸습니다.

クレジットカードを落としました。
쿠레짓토카-도오 오또시마시따

クレジットカードをなくしました。
쿠레짓토카-도오 나꾸시마시따

💬 택시 안에 지갑을 두고 내렸어요.

タクシーの中に財布を置き忘れました。
타쿠시-노 나까니 사이후오 오끼와스레마시따

💬 어디에서 잃어버렸는지 기억이 안 나요.

どこで落としたのか覚えがありません。
도꼬데 오또시따노까 오보에가 아리마셍

💬 여기에서 휴대전화를 보지 못했나요?

ここでケータイを見ませんでしたか。
코꼬데 케-타이오 미마셍데시따까

363

분실신고&분실물 센터

💬 분실물은 저희가 책임질 수 없습니다.
落し物は私どもが責任を取ることはできません。
오또시모노와 와따시도모가 세끼닝오 토루 코또와 데끼마셍

💬 분실물 신청서를 작성해 주세요.
落し物申請用紙を書いてください。
오또시모노 신세- 요-시오 카이떼 쿠다사이

💬 분실한 짐을 찾으러 왔습니다.
落とした物を探しにきました。
오또시따 모노오 사가시니 키마시따

💬 분실한 카드를 신고하려고 합니다.
カードの紛失届けを出します。
카-도노 훈시쯔또도께오 다시마스

💬 어서 카드 분실 신고를 해.
すぐカード紛失届けを出しなさい。
스구 카-도 훈시쯔또도께오 다시나사이

💬 분실물 센터에 가 보는 게 좋겠다.
落し物センターへ行ってみるといい。
오또시모노 센타-에 잇떼 미루또 이-

도난

💬 도둑이야!
泥棒ッ！
도로보―ㅅ

💬 저놈을 잡아 주세요.
そいつを捕まえてください。
소이쯔오 츠까마에떼 쿠다사이

💬 제 지갑을 도난당했습니다.
私の財布が盗まれました。
와따시노 사이후가 누스마레마시따

💬 누가 제 가방을 가져갔어요.
誰かに私のかばんを持って行かれました。
다레까니 와따시노 카방오 못떼 이까레마시따

💬 경비원을 불러 주세요.
警備員を呼んでください。
케―비잉오 욘데 쿠다사이

💬 경찰을 부르겠어요.
警察を呼びますよ。
케―사쯔오 요비마스요

💬 강도를 당했어요.
強盗にあいました。
고―또―니 아이마시따

💬 이웃에서 도난 사건이 몇 건 있었다.
近所で盗難事件が数件起きた。
킨죠데 토-난 지껭가 스-껭 오끼따

💬 도난 신고는 했어요?
盗難届けは出しましたか。
토-난토도께와 다시마시따까

💬 그는 가게에서 물건을 훔치다가 들켰다.
店で彼の万引きが見つかった。
미세데 카레노 맘비끼가 미쯔깟따

💬 어젯밤에 우리 집에 도둑이 들었다.
夕べ私の家に泥棒が入った。
유-베 와따시노 이에니 도로보-가 하잇따

💬 외출한 사이 누군가가 방에 침입했습니다.
外出している間に誰かが部屋に押し入りました。
가이슈쯔시떼 이루 아이다니 다레까가 헤야니 오시이리마시따

💬 그건 도난방지기예요.
これは盗難防止機です。
코레와 토-난보-시끼데스

소매치기

💬 소매치기야!

すりッだ！
스릿다

💬 소매치기 주의!

すりご用心！
스리 고요-징

💬 소매치기가 내 지갑을 훔쳤어요.

すりが私の財布をすりました。
스리가 와따시노 사이후오 스리마시따

💬 소매치기를 조심하세요!

すりにご注意ください！
스리니 고쮸-이꾸다사이

💬 여기에서는 지갑을 조심하세요. 소매치기 당하기 쉽거든요.

ここでは財布にご注意ください。すりが多発しています。
코꼬데와 사이후니 고쮸-이꾸다사이 스리가 타하쯔시떼 이마스

💬 소매치기를 뒤쫓았다.

すりを追いかけた。
스리오 오이까께따

💬 소매치기가 내 눈 앞에서 그것을 훔쳐갔어요.
私の目の前でそれをすられました。
와따시노 메노 마에데 소레오 스라레마시따

💬 오늘 아침 지하철에서 소매치기를 당했어요.
今朝、地下鉄ですられました。
케사 치까떼쯔데 스라레마시따

사기

💬 그는 사기꾼이에요.

彼は詐欺師です。
카레와 사기시데스

彼はいかさましです。
카레와 이까사마시데스

💬 사기치지 마!

だますな！
다마스나

💬 그는 내게 사기를 쳐서 돈을 빼앗았다.

彼は私をだまして金を奪った。
카레와 와따시오 다마시떼 카네오 우밧따

💬 사기를 당했습니다.

詐欺にあいました。
사기니 아이마시따

💬 택시 운전 기사한테 사기 당했어.

タクシーの運転手にだまされた。
타쿠시-노 운뗀슈니 다마사레따

タクシーの運転手にぼったくられた。
타쿠시-노 운뗀슈니 봇따꾸라레따

💬 사기로 돈을 떼었어요.

お金をだまし取られました。
오까네오 다마시또라레마시따

💬 그건 진짜 사기야.
それは本当に詐欺だ。
소레와 혼또-니 사기다

💬 그는 사기로 가진 것을 몽땅 잃었다.
彼は詐欺にあって、全てを失った。
카레와 사기니 앗떼 스베떼오 우시낫따

💬 그는 사기죄로 체포됐다.
彼は詐欺罪で逮捕された。
카레와 사기자이데 타이호사레따

💬 그는 날 협박해서 돈을 사기쳤어요.
彼は私を脅迫してお金を騙し取った。
카레와 와따시오 쿄-하꾸시떼 오까네오 다마시똣따

💬 나는 그 사기꾼의 말을 다 믿었다.
私はその詐欺師の話を全部信じた。
와따시와 소노 사기시노 하나시오 젬부 신지따

경찰 신고

💬 여기에서 가장 가까운 경찰서가 어디인가요?
ここから一番近い警察署はどこですか。
코꼬까라 이찌방 치까이 케-사쯔쇼와 도꼬데스까

💬 경찰을 불러 주세요.
警察を呼んでください。
케-사쯔오 욘데 쿠다사이

💬 도난신고를 하려고 합니다만.
盗難届けを出したいんですけど。
토-난토도께오 다시따인데스께도

💬 도난 증명서를 만들어 주십시오.
盗難証明書を作ってください。
토-난 쇼-메-쇼오 츠굿떼 쿠다사이

💬 어디에 신고해야 합니까?
どこに通報すればいいですか。
도꼬니 츠-호-스레바 이-데스까

💬 가까운 경찰서에 가서 신고하는 게 좋겠어요.
最寄の警察署に通報すればいいと思います。
모요리노 케-사쯔쇼니 츠-호-스레바 이-또 오모이마스

💬 한국 대사관에 연락해 주세요.
韓国の大使館に連絡してください。
캉꼬꾸노 타이시깐니 렌라꾸시떼 쿠다사이

교통사고

💬 교통사고 신고를 하려고 합니다.
交通事故の通報をしたいです。
코-쯔-지꼬노 츠-호-오 시따이데스

💬 교통사고를 목격했습니다.
交通事故を目撃しました。
코-쯔-지꼬오 모꾸게끼시마시따

💬 교통사고를 당했어요.
交通事故にあいました。
코-쯔-지꼬니 아이마시따

💬 그 차가 내 차의 측면을 들이받았어요.
その車が私の車の側面に衝突しました。
소노 쿠루마가 와따시노 쿠루마노 소꾸멘니 쇼-또쯔시마시따

💬 정면 충돌이었어요.
正面衝突でした。
쇼-멩 쇼-또쯔데시따

💬 그 교통사고는 언제 일어났죠?
その交通事故はいつ起こりましたか。
소노 코-쯔-지꼬와 이쯔 오꼬리마시따까

💬 하마터면 사고를 당할 뻔 했어요.
危うく事故にあうところでした。
아야우꾸 지꼬니 아우 토꼬로데시따

💬 사고 증명서를 만들어 주십시오.
事故証明書を作ってください。
지꼬 쇼-메-쇼오 츠굣떼 쿠다사이

💬 운전면허증을 보여 주세요.
運転免許証を見せてください。
운뗌멩꾜쇼-오 미세떼 쿠다사이

💬 보험은 가입되어 있나요?
保険に加入していますか。
호껭니 카뉴-시떼 이마스까

💬 보험의 유효 기간은 어떻게 되나요?
保険の有効期間はいつまでですか。
호껜노 유-꼬-끼깡와 이쯔마데데스까

💬 이곳은 교통사고 다발지점이에요.
ここは交通事故多発地点です。
코꼬와 코-쯔-지꼬 타하쯔 치뗀데스

💬 음주 측정기를 불어 주십시오.
飲酒測定器に息を吹きかけてください。
인슈 소꾸떼-끼니 이끼오 후끼까께떼 쿠다사이

💬 정지 신호에서 멈추지 않았어요.
停止信号で止まりませんでした。
테-시 싱고-데 토마리마셍데시따

화재

💬 불이야!
火事だ!
카지다

💬 산불이야!
山火事だ!
야마카지다

💬 소방서에 연락해 주세요.
消防署に連絡してください。
쇼-보-쇼니 렌라꾸시떼 쿠다사이

💬 소방관들은 5분 만에 화재 현장에 도착했다.
消防官たちは5分で火災現場に到着した。
쇼-보-깐따찌와 고훈데 카사이 겐바니 토-쨔꾸시따

💬 어젯밤에 화재가 났어요.
夕べ火災がありました。
유-베 카사이가 아리마시따

💬 그는 지난달에 화재를 당했어요.
彼は先月火災にあいました。
카레와 셍게쯔 카사이니 아이마시따

💬 어젯밤 화재로 그 빌딩이 전소됐다.
昨夜火災でそのビルが全焼しました。
사꾸야 카사이데 소노 비루가 젠쇼-시마시따

💬 화재의 연기 때문에 목과 눈이 화끈거렸다.
火災の煙のために喉と目がひりひり痛む。
카사이노 케무리노 타메니 노도또 메가 히리히리 이따무

💬 우리는 화재가 나서 대피했다.
私たちは火災現場から避難した。
와따시따찌와 카사이 겜바까라 히난시따

💬 불이 빨리 번졌어.
火のまわりが早かった。
히노 마와리가 하야깟따

💬 연기가 순식간에 퍼졌어.
煙がみるみる広がった。
케무리가 미루미루 히로갓따

💬 곧 불이 꺼졌어.
すぐ火が消えたよ。
스구 히가 키에따요

💬 작은 불로 끝나서 다행이구나.
ぼやで済んでよかったね。
보야데 슨데 요깟따네

💬 화재 경보기가 울리면 즉시 여기에서 나가세요.
火災報知器の音がしたらすぐここから出てください。
카사이 호-찌끼노 오또가 시따라 스구 코꼬까라 데떼 쿠다사이

💬 그 화재의 원인이 뭐예요?
その火災の原因は何ですか。
소노 카사이노 겡잉와 난데스까

💬 그 화재는 누전으로 인해 일어났다.
その火災は漏電によって起こった。
소노 카사이와 로-덴니 욧떼 오꼿따

💬 원인 모를 화재입니다.
不審火です。
후심비데스

💬 그 화재 원인은 확실하지 않아요.
その火災の原因ははっきりしません。
소노 카사이노 겡잉와 학끼리시마셍

💬 해마다 이맘 때면 화재가 자주 발생한다.
毎年今頃火災が起きやすい。
마이또시 이마고로 카사이가 오끼야스이

💬 화재는 부주의해서 발생한다.
ほとんどの火災は、不注意から起きる。
호똔도노 카사이와 후쮸-이까라 오끼루

지진

💬 간밤에 지진이 일어났어요.
夕べ、地震がありました。
유-베 지싱가 아리마시따

💬 지진으로 땅이 갈라졌다.
地震で地面がひび割れた。
지신데 지멩가 히비와레따

💬 그 마을은 지진으로 파괴되었다.
その村は地震で破壊された。
소노 무라와 지신데 하까이사레따

💬 도쿄에 진도 8.2의 지진이 발생했다.
東京で震度8.2の地震が起こった。
토-쿄-데 신도 하찌뗀니노 지싱가 오꼿따

💬 지진으로 집이 움직였다.
地震で家がゆれた。
지신데 이에가 유레따

💬 이처럼 큰 지진은 처음이다.
こんなに大きな地震は初めてだ。
콘나니 오-끼나 지싱와 하지메떼다

💬 이번 지진 피해는 대단한 것이 아니었다.
今度の地震の被害は大したものではなかった。
콘도노 지신노 히가이와 타이시따 모노데와나깟따

💬 이번 지진으로 많은 집이 허물어졌다.
地震で多くの家が壊れた。
지신데 오-꾸노 이에가 코와레따

💬 지진이 발생하면 책상 밑으로 들어가세요.
地震が起きたら机の下に入ってください。
지신가 오끼따라 츠꾸에노 시따니 하잇떼 쿠다사이

💬 지진이 무섭지 않은 사람은 없다.
地震が怖くない人はいない。
지싱가 코와꾸나이 히또와 이나이

💬 이 건물이라면 어떤 지진에라도 까딱없다.
この建物ならどんな地震でも大丈夫だ。
코노 타떼모노나라 돈나 지신데모 다이죠-부다

💬 여진이 있을지도 몰라.
余震があるかもしれないよ。
요싱가 아루카모시레나이요

안전사고

💬 그는 수영 중 익사할 뻔 했다.
彼は水泳中おぼれて死に掛けた。
카레와 스이에이-쮸- 오보레떼 시니까께따

💬 바다에 빠진 소년은 익사했다.
海で少年は溺死した。
우미데 쇼-넹와 데끼시시따

💬 그는 감전되어 죽을 뻔 했다.
彼は感電して死ぬところだった。
카레와 칸덴시떼 시누또꼬로닷따

💬 계단에서 미끄러졌어.
階段から滑った。
카이당까라 스벳따

💬 그는 미끄러지기 전에 재빨리 난간을 잡았다.
彼は滑る前にすばやく手すりを握った。
카레와 스베루 마에니 스바야꾸 테스리오 니깃따

💬 미끄러지지 않도록 조심하세요.
滑らないように注意してください。
스베라나이요-니 츄-이시떼 쿠다사이

💬 오늘 아침 빙판에서 미끄러졌어요.
今朝凍りついた路面で滑りました。
케사 코-리쯔이따 로멘데 스베리마시따

💬 돌에 걸려 넘어졌어요.
石につまずいて転びました。
이시니 츠마즈이떼 코로비마시따

💬 돌에 걸려 발목을 삐었다.
石につまずいて足首をくじいた。
이시니 츠마즈이떼 아시쿠비오 쿠지―따

💬 그녀는 중심을 잃고 넘어졌다.
彼女はバランスをくずして倒れた。
카노죠와 바란스오 쿠즈시떼 타오레따

💬 그녀는 발을 헛디뎌 넘어졌다.
彼女は足がもつれて転んだ。
카노죠와 아시가 모쯔레떼 코론다

💬 자전거를 타다가 넘어졌어요.
自転車に乗っていて、転びました。
지뗀샤니 놋떼 이떼 코로비마시따

💬 넘어져서 일어나지 못하겠어요.
転んで起きあがれません。
코론데 오끼아가레마셍

💬 할머니는 넘어져서 무릎을 다치셨어.
おばあさんは転んで膝を怪我した。
오바―상와 코론데 히자오 케가시따

Unit 4 장례

장례

💬 할아버지께서 오늘 아침에 돌아가셨어.
祖父は今朝亡くなった。
소후와 케사 나꾸낫따

💬 장례식에서는 언제나 눈물이 나온다.
葬式ではいつも涙が出る。
소-시끼데와 이쯔모 나미다가 데루

💬 전 장례식에 참석할 수 없을 것 같네요.
私は葬式に出られないと思います。
와따시와 소-시끼니 데라레나이또 오모이마스

💬 그의 장례식장에는 많은 조화가 있었어요.
彼の葬式では弔花がたくさんありました。
카레노 소-시끼데와 쵸-까가 탁상 아리마시따

💬 유족들의 오열 속에 장례를 치뤘다.
遺族の嗚咽の中で葬儀が行われた。
이조꾸노 오에쯔노 나까데 소-기가 오꼬나와레따

💬 성대한 장례식을 거행했다.
盛大な葬儀を執り行った。
세-다이나 소-기오 토리오꼰낫따

조문 인사

💬 아버님의 갑작스러운 부고에 애도의 뜻을 표합니다.
お父さんの急な訃報に哀悼の意を表します。
오또-산노 큐-나 후호-니 아이또-노 이오 아라와시마스

💬 우리는 그녀의 죽음을 애도합니다.
私たちは彼女の冥福を祈ります。
와따시따찌와 카노죠노 메-후꾸오 이노리마스

💬 삼가 애도의 뜻을 표합니다.
謹んで哀悼の意を表します。
츠쯔신데 아이또-노 이오 효-시마스

💬 어떻게 위로의 말을 전해야 할지 모르겠네요.
なんと慰めの言葉を伝えたらいいのか分かりません。
난또 나구사메노 코또바오 츠따에따라 이-노까 와까리마셍

💬 조의를 표합니다.
弔意を表します。
쵸-이오 효-시마스

💬 우리 모두 가슴 아파하고 있습니다.
私たちみんな心を痛めています。
와따시따지 민나 코꼬로오 이따메떼 이마스

💬 힘든 시간이시겠어요.

大変ですね。
타이헨데스네

💬 정말 안 됐습니다.

本当に残念です。
혼또-니 잔넨데스

💬 고인을 잊지 못할 겁니다.

故人を忘れません。
코징오 와스레마셍

💬 고인을 알게 되어 영광이었습니다.

故人を知って光栄でした。
코징오 싯떼 코-에-데시따

💬 고인은 우리 마음 속에 영원히 살아 있을 것입니다.

故人は私たちの心の中で永遠に生きています。
코징와 와따시따찌노 코꼬로노 나까데 에-엔니 이끼떼 이마스

💬 이렇게 와서 조의를 표해 주셔서 감사합니다.

このように弔慰を表していただき、ありがとうございます。
코노요-니 쵸-이오 효-시떼 이따다끼 아리가또-고자이마스

Chapter 06

너희들 덕에 편하구나!

Unit 1 컴퓨터
Unit 2 인터넷
Unit 3 휴대전화
Unit 4 기타 기기

Unit 1 컴퓨터

컴퓨터

💬 컴퓨터를 켜고 끄는 법을 아세요?

コンピューターのつけ方と消し方を知っていますか。
콤퓨-타-노 츠께까따또 케시까따오 싯떼 이마스까

💬 그녀는 컴퓨터를 잘 다룬다.

彼女はコンピューターを使いこなす。
카노죠와 콤퓨-타-오 츠까이꼬나스

💬 그는 컴퓨터에 대해서 요모조모 잘 알고 있다.

彼はコンピューターを熟知している。
카레와 콤퓨-타-오 쥬꾸찌시떼 이루

💬 저는 컴맹이에요.

私はコンピューター音痴です。
와따시와 콤퓨-타- 온찌데스

💬 요즘 노트북 컴퓨터는 필수품이 되어 버렸어.

最近ノートパソコンは必需品になった。
사이낑 노-토파소콩와 히쯔쥬힌니 낫따

💬 이번 주말에 새 컴퓨터 설치하는 것 도와줄래요?

今度の週末に新しいコンピューターの設置を、手伝ってもらえますか。
콘도노 슈-마쯔니 아따라시- 콤퓨-타-노 셋찌오 테쯔닷떼 모라에마스까

385

💬 전 컴퓨터를 어떻게 작동시키는지 모르는데요.

私はコンピューターの使い方を知りません。
와따시와 콤퓨-타-노 츠까이까따오 시리마셍

💬 컴퓨터가 느려서 파일이 안 열려.

コンピューターが遅くてファイルが開かない。
콤퓨-타-가 오소꾸떼 화이루가 히라까나이

💬 설치를 계속하려면 컴퓨터를 다시 시작해야 합니다.

インストールを完了するにはコンピューターを再起動しなければなりません。
인스토-루오 칸료-스루니와 콤퓨-타-오 사이끼도-시나께레바 나리마셍

💬 컴퓨터가 고장났어요.

コンピューターが壊れました。
콤퓨-타-가 코와레마시따

💬 바이러스 치료 프로그램을 실행시키세요.

ウイルスソフトを機動してください。
우이루스소후토오 키도-시떼 쿠다사이

💬 그는 타자가 느리잖아, 독수리 타법이니까.

彼はタイピングが遅いよ、人差し指タイピングだから。
카레와 타이핑구가 오소이요 히또사시유비 타이핑구다까라

컴퓨터 모니터

💬 모니터가 켜지지 않아요.

モニターがつきません。
모니타—가 츠끼마셍

💬 모니터가 어떻게 된 거예요?

モニターがどうなりましたか。
모니타—가 도—나리마시따까

💬 넌 LCD 모니터가 있잖아?

あなたはLCDモニターがあるじゃない。
아나따와 에루시—디— 모니타—가 아루쟈나이

💬 모니터가 망가졌다.

モニターが壊れた。
모니타—가 코와레따

💬 모니터 화면이 흔들려요.

モニターの画面がゆれます。
모니타—노 가멩가 유레마스

컴퓨터 사양

💬 우리는 이제 데스크톱 컴퓨터를 서서히 없애고 있다.

我(われ)たちは今日(こんにち)デスクトップコンピューターを徐々(じょじょ)に減(へ)らしている。

와레따찌와 콘니찌 테스쿠톱푸 콤퓨-타-오 죠죠니 헤라시떼 이루

💬 컴퓨터 용량이 어떻게 되니?

コンピューター容量(ようりょう)はどのくらい？

콤퓨-타- 요-료-와 도노구라이

💬 컴퓨터 사양이 낮아서 이 게임을 할 수 없어.

コンピューターのスペックが不足(ふそく)していてこのゲームができない。

콤퓨-타-노 스펙쿠가 후소꾸시떼 이떼 코노 게-무가 데끼나이

💬 어떤 OS를 쓰고 있어?

何(なん)のOSを使(つか)っている？

난노 오-에-스오 츠캇떼 이루

💬 이 노트북은 CPU가 인텔 코어2 듀오 2.0GHz이고, 램이 3기가에 하드디스크가 320기가, 모니터는 15.4인치 와이드의 사양을 가지고 있지.

このノートパソコンはCPUがインテルコア２デュオ2.0GHZ、ラムが3ギガ、ハードディスクが320ギガ、モニターは15.4インチワイドというスペックを持(も)っている。

코노 노-토파소콩와 시-피-유-가 인테루코아츠- 듀오 니뗑레-기가헤루츠 라무가 상기가 하-도디스쿠가 삼바꾸니쥬-기가 모니타-와 쥬고뗑용인치와이도또이우 스펙쿠오 못떼 이루

컴퓨터 키보드&마우스

💬 그는 키보드로 입력하고 있어요.

彼はキーボードでタイプしています。
카레와 키-보-도데 타이푸시데 이마스

💬 메뉴의 밑줄 친 문자는 키보드 단축키로 항목을 선택할 수 있습니다.

アンダーラインされたメニューはキーボード短縮キーで項目を選択できます。
안다-라인사레따 메뉴-와 키-보-도 탄슈꾸키-데 코-모꾸오 센따꾸데끼마스

💬 그녀는 빠르게 키보드를 쳤다.

彼女はすばやくキーボードをタイピングした。
카노죠와 스바야꾸 키-보-도오 타이핑구시따

💬 키보드가 꼼짝도 안 하네요.

キーボードが動かないんです。
키-보-도가 우고까나인데스

💬 마우스로 아래쪽 화살표 버튼을 클릭하세요.

マウスで矢印ボタンをクリックしなさい。
마우스데 야지루시 보탕오 쿠릭쿠시나사이

💬 무선 마우스가 있으면 좋겠는데.

無線マウスが欲しいなあ。
무센 마우스가 호시-나-

컴퓨터 프린터

💬 테스트 페이지를 프린터로 보내고 있어요.

テストページをプリンターに送っています。
테스토페-지오 푸린타-니 오꿋떼 이마스

💬 프린터기의 토너가 떨어졌어요.

プリンターのトナーがきれました。
푸린타노 토나-가 키레마시따

💬 이 새 프린터 카트리지는 얼마나 하나요?

この新しいプリンターカートリッジはいくらですか。
코노 아따라시- 푸린타 카-토릿지와 이꾸라데스까

💬 프린터기에 종이가 걸렸어요.

プリンターに紙がひっかかりました。
푸린타니 카미가 힉까까리마시따

💬 프린터 용지가 다 떨어졌네요.

プリンターの紙が全部なくなりましたね。
푸린타노 카미가 젬부 나꾸나리마시따네

복사기

💬 새 복사기 사용법 가르쳐 줄래요?

新しいコピー機の使い方を教えてくれますか。

아따라시- 코피-끼노 츠까이까따오 오시에떼 쿠레마스까

💬 복사기에 걸린 종이 빼는 것 좀 도와줄래요?

コピー機にひっかかった紙を抜くのをちょっと手伝ってくれますか。

코피-끼니 힉까깟따 카미오 누꾸노오 춋또 테쯔닷떼 쿠레마스까

💬 복사기에 문제가 있어요.

コピー機に問題があります。

코피-끼니 몬다이가 아리마스

💬 이거, 컬러 복사로 20부 부탁해요.

これ、カラーコピーで20部お願いします。

코레 카라-코피-데 니쥬-부 오네가이시마스

💬 확대 복사는 어떻게 하는 거지?

拡大コピーってどうやるんだろう？

카꾸다이 코피-ㅅ떼 도- 야룬다로-

💬 한 장씩 복사하지 말고 페이지 수를 설정해서 복사하는 게 좋아요.

一枚ずつコピーしないで、ページ設定をしてコピーした方がいいです。

이찌마이즈쯔 코피-시나이데 페-지 셋떼-오 시떼 코피-시따 호-가 이-데스

문서 작업

💬 워드프로세서 정도 사용할 줄 알아요.

ワードプロセッサ程度ならできます[やれます]。
와-도푸로셋사-떼도나라 데끼마스[야레마스]

💬 저는 주로 한글 프로그램을 사용합니다.

私は主にハングルプログラムを使います。
와따시와 오모니 항구루푸로구라무오 츠까이마스

💬 엑셀 프로그램을 잘 다루니?

エクセルを使いこなせる？
에쿠세루오 츠까이꼬나세루

💬 열기 버튼을 클릭해 봐.

ボタンをクリックしてみて。
보탕오 쿠릭쿠시데 미떼

💬 글꼴을 고딕체로 바꿔라.

書体をゴシック体に換えなさい。
쇼따이오 고식쿠따이니 카에나사이

💬 글자 크기를 크게 하면 어때?

字の大きさを大きくしたらどう？
지노 오-끼사오 오-끼꾸 시따라 도-

💬 인용문은 파란색으로 표시해라.
引用文は青で表示しなさい。
잉요-붕와 아오데 효-지시나사이

💬 제목을 굵게 표시하는 게 낫다.
題名を太く表すのがいい。
다이메-오 후또꾸 아라와스노가 이-

💬 이 단락을 복사해서 네 파일에 붙여라.
この段落をコピーしてあなたのファイルに貼り付けなさい。
코노 단라꾸오 코피-시떼 아나따노 화이루니 하리쯔께나사이

💬 표와 그래프를 넣어 줄래요?
表とグラフを入れてくれますか。
효-또 구라후오 이레떼 쿠레마스까

💬 이 문서를 txt 형식으로 저장해 주세요.
この文書をtxt形式で保存してください。
코노 분쇼오 테키스토 케-시끼데 호존시떼 쿠다사이

💬 문서에 페이지 번호를 표시해 주세요.
文書にページ番号を付けてください。
분쇼니 페-지 방고-오 츠께떼 쿠다사이

파일 저장&관리

💬 실수로 파일을 지웠어요.

うっかりしてファイルを消してしまいました。
욱까리시떼 화이루오 케시떼 시마이마시따

💬 원본 파일은 갖고 있죠?

原本ファイルは持っていますよね？
겜뽕 화이루와 못떼 이마스요네

💬 아, 파일을 덮어 써 버렸네.

ああ、ファイルに上書きしてしまいました。
아— 화이루니 우와가끼시떼 시마이마시따

💬 프로그램을 닫기 전에 파일 저장하는 것은 중요하다.

プログラムを終える前にファイル保存することが大事だ。
푸로구라무오 오에루 마에니 화이루 호존스루 코또가 다이지다

💬 어느 폴더에 저장했습니까?

どのファイルに保存しましたか。
도노 화이루니 호존시마시따까

💬 파일을 저장할 다른 이름을 고르세요.

ファイルを保存する時は他の名前を選んでください。
화이루오 호존스루 토끼와 호까노 나마에오 에란데 쿠다사이

💬 이 파일에 비밀번호를 설정했어.

このファイルに暗証番号を設定した。

코노 화이루니 안쇼-방고-오 셋떼-시따

💬 자료는 외장하드에 백업했습니다.

資料は外付けハードディスクでバックアップしました。

시료-와 소또즈께 하-도디스쿠데 박쿠압푸시마시따

💬 손상된 파일을 복구할 수 있어?

壊れたファイルを復旧できるの?

코와레따 화이루오 훅뀨-데끼루노

💬 정기적으로 바이러스 체크하는 것 잊지 마.

定期的なウイルスチェックを忘れるな。

테-끼떼끼나 우이루스쳇쿠오 와스레루나

💬 10분마다 자동저장 되도록 설정했다.

10分毎に自動バックアップするよう設定した。

쥽뿡고또니 지도- 박쿠압푸스루요- 셋떼-시따

💬 그 파일을 복사해서 내 USB에 저장해 줘.

このファイルをコピーして私のUSBに保存してくれ。

코노 화이루오 코피-시떼 와따시노 유-에스비-니 호존시떼 쿠레

Unit 2 인터넷

인터넷

💬 웹서핑 하면서 시간을 때워.

ネットサーフィンして時間を潰す。
넷토사ー휭시떼 지깡오 츠부스

💬 그냥 인터넷을 훑어보는 중이야.

ただインターネットをしてるだけ。
타다 인타ー넷토오 시떼루다께

Chapter 06 / Unit 2 인터넷

💬 인터넷을 하다 보면 시간 가는 줄 모르겠어.

インターネットをしていて時間がたつのを忘れていた。
인타-넷토오 시떼 이떼 지깡가 타쯔노오 와스레떼 이따

💬 어떻게 인터넷에 접속하죠?

どうやってインターネットに繋ぎますか。
도-얏떼 인타-넷토니 츠나기마스까

💬 인터넷에 접속되어 있어요?

インターネットに繋がっていますか。
인타-넷토니 츠나갓데 이마스까

💬 애들이 인터넷 하느라고 정신이 없네요.

子供たちがインターネットに夢中です。
코도모따찌가 인타-넷토니 무쮸-데스

💬 요즘 인터넷으로 못하는 게 없잖아.

最近はインターネットでできないことがない。
사이낑와 인타-넷토데 데끼나이 코또가 나이

💬 인터넷으로 영어를 공부하려고 해.

インターネットで英語を勉強しようと思う。
인타-넷토데 에-고오 벵꾜-시요-또 오모우

💬 인터넷이 안 되는데.

インターネットができないんですが。
인타-넷토가 데끼나인데스가

397

💬 검색창에 'STAR'를 입력해 보세요.

検索でstarを探してみてください。
켄사꾸데 스타ー오 사가시데 미떼 쿠다사이

💬 인터넷으로 그 회사의 정보를 알아봤어요.

インターネットでこの会社の情報を調べてみました。
인타ー넷토데 코노 카이샤노 죠ー호ー 시라베떼 미마시따

💬 저희 웹사이트를 '즐겨찾기'에 추가해 주세요.

私のウェブサイトを「お気に入り」に加えてください。
와따시노 웨부사이토오 오끼니 이리니 쿠와에떼 쿠다사이

💬 인터넷 뱅킹은 정말 편리하잖아.

インターネットバンキングは本当に便利だ。
인타ー넷토방킹구와 혼또ー니 벤리다

이메일

💬 이메일 보내 줘.

イーメールを送ってくれ。
이ー메ー루오 오꿋떼 쿠레

💬 이메일 주소 좀 알려 줘.

イーメールアドレス教えて。
이ー메ー루아도레스 오시에떼

💬 이메일 계정이 무료이니까 신청해.
無料メールだから申し込みなさい。
무료- 메-루다까라 모-시꼬미나사이

💬 새로운 이메일 주소가 있습니까?
新しいイーメールアドレスはありますか。
아따라시- 이-메-루아도레스와 아리마스까

💬 제 이메일에 답장해 주세요.
私のイーメールに返信してください。
와따시노 이-메-루니 헨신시떼 쿠다사이

💬 네게 보낸 이메일이 반송되었는데.
あなたに送ったイーメールが返ってきたけど。
아나따니 오꿋따 이-메-루가 카엣떼 키따께도

💬 네 이메일에 첨부파일이 없어.
あなたのイーメールに添付ファイルがない。
아나따노 이-메-루니 템뿌 화이루가 나이

💬 첨부파일이 열리지 않아요.
添付ファイルが開けません。
템뿌 화이루가 히라께마셍

💬 에리코의 이메일을 알려 줄게.
恵理子のイーメールを教えてあげる。
에리꼬노 이-메-루오 오시에떼 아게루

💬 그에게 이메일을 발송할 때 나도 참조로 넣어주세요.

彼にイーメールを送る時に私もカーボンコピーで入れてください。

카레니 이-메-루오 오꾸루 토끼니 와따시모 카-봉코피-데 이레떼 쿠다사이

💬 이메일로 더 자세한 정보를 받아볼 수 있을까요?

イーメールでもう少し詳しい情報をもらえますか。

이-메-루데 모- 스꼬시 쿠와시- 죠-호-오 모라에마스까

💬 난 새해 인사를 벌써 이메일로 보냈어.

私は年賀状をすでにイーメールで送った。

와따시와 넹가죠-오 스데니 이-메-루데 오꼿따

메신저

💬 메신저로 대화하자.

メッセンジャーで話しましょう。

멧센쟈-데 하나시마쇼-

💬 메신저에 접속했어?

メッセンジャー繋いだ?

멧센쟈- 츠나이다

💬 그가 날 메신저에서 차단한 거 같은데.

私は彼にメッセンジャーで拒否された。

와따시와 카레니 멧센쟈-데 쿄히사레따

💬 넌 (메신저에서) 줄곧 자리비움이니?

あなたはずっとメッセンジャーが退席中(たいせきちゅう)なの？
아나따와 즛또 멧센쟈-가 타이세끼쮸-나노

💬 업무 시간에 메신저를 켤 수 없어요.

仕事中(しごとちゅう)にメッセンジャーを使(つか)えません。
시고또쮸-니 멧센쟈-오 츠까에마셍

컴퓨터&인터넷 관련 어휘

パソコン 컴퓨터　　　　　**モニター** 모니터
キーボード 키보드　　　　**マウス** 마우스
スキャナー 스캐너　　　　**フリーズする** (컴퓨터가) 멈추다
パソコンの電源を切る 컴퓨터의 전원을 끄다
パソコンがいかれる 컴퓨터가 망가지다
インクカートリッジ 잉크 카트리지
紙切れだ 종이가 다 되다
インクが切れだ 잉크가 다 되다
大量に印刷する 대량으로 인쇄하다
オンライン 온라인　　　**取り込み中** 다른 용무 중
オフライン 오프라인

소셜 네트워크

💬 SNS는 친구와 동료, 이웃들과 교류를 돈독히 할 수 있는 방법이다.

ソーシャルネットワークは友達や同僚、近所の人たちと交流を深めることのできる方法だ。

소-샤루넷토와-쿠와 토모다찌야 도-료- 킨죠노 히또따찌또 코-류-오 후까메루 코또노 데끼루 호-호-다

💬 나는 SNS를 통해 친구의 근황을 확인하거나 사진을 업로드하거나 링크나 동영상을 남기면서, 아는 사람과 연락합니다.

私はソーシャルネットワークを通じて、友達の様子をチェックしたり、写真をアップロードしたり、りんくや動画を投稿したり、知り合いと連絡します。

와따시와 소-샤루넷토와-쿠오 츠-지떼 토모다찌노 요-스오 쿠시따리 샤싱오 압푸로-도시따리 링쿠야 도-가오 토-꼬-시따리 시리아이또 렌라꾸시마스

💬 요즘에도 SNS 모르는 사람이 있어?

最近でもソーシャルネットワークを知らない人がいる？

사이낀데모 소-샤루넷토와-쿠오 시라나이 히또가 이루

💬 나는 내가 좋아하는 연예인의 트위터를 매일 체크한다.

私は好きな芸能人のツイッターを毎日チェックする。
와따시와 스끼나 게-노-진노 츠잇타-오 마이니찌 첵쿠스루

💬 SNS는 비즈니스에도 큰 도움이 되기 때문에 애용한다.

ソーシャルネットワークはビジネスにも大きな助けになるから愛用している。
소-샤루넷토와-쿠와 비지네스니모 오-끼나 타스께니 나루까라 아이요-시떼 이루 부로구시떼루

블로그

💬 블로그 하니?

ブログしてる？
부로구시떼루

💬 내 블로그 방명록에 메시지를 남겨 주세요.

私のブログにメッセージを残してください。
와따시노 부로구니 멧세-지오 노꼬시떼 쿠다사이

💬 내 블로그에 이번 여행 사진 올렸어.

私のブログに今度の旅行の写真をアップした。
와따시노 부로구니 콘도노 료꼬-노 샤싱오 압푸시따

💬 그의 블로그는 썰렁한데.
彼のブログはたいくつだ。
카레노 부로구와 타이꾸쯔다

💬 그녀의 블로그를 보니, 그녀가 어떤 사람인지 알 것 같아.
彼女のブログを見て、彼女がどんな人かわかる気がした。
카노죠노 부로구오 미떼 카노죠가 돈나 히또까 와까루 키가 시따

💬 내 블로그 1일 방문자는 백 명이 넘어.
私のブログの一日の訪問者は100人を越える。
와따시노 부로구노 이찌니찌노 호-몬샤와 햐꾸닝오 코에루

휴대전화 타입

요즘은 스마트폰スマートフォン이 대세라서 대부분 터치스크린 스타일이지만, 이전에는 다양한 스타일이 있었습니다.

바형 : ストレート型
슬라이드형 : スライド型
폴더형 : 折りたたみ型

Unit 3 휴대전화

휴대전화

💬 휴대전화 번호 좀 알려 줘.
ケータイ番号ちょっと教えて。
케-타이방고- 춋또 오시에떼

💬 내 번호 네 휴대전화에 저장해 둬.
私の番号、あなたのケータイに登録しといて。
와따시노 방고- 아나따노 케-타이니 토-로꾸시또이떼

💬 제 휴대전화 번호가 바뀌었어요.
私のケータイ番号が換わりました。
와따시노 케-타이 방고-가 카와리마시따

💬 이거 최신 모델이지?
これは最新モデルでしょう？
코레와 사이싱 모데루데쇼-

💬 내 휴대전화는 최신형이다.
私のケータイは最新型だ。
와따시노 케-타이와 사이싱가따다

💬 휴대전화 액정이 큰데.
ケータイの液晶が大きい。
케-타이노 에끼쇼-가 오-끼이

💬 부재중 전화가 두 통 왔다.
着信の電話が二回あった。
챠꾸신노 뎅와가 니까이 앗따

💬 나는 터치스크린 휴대전화를 사고 싶어.
私はタッチパネルのケータイが欲しい。
와따시와 탓치파네루노 케-타이가 호시-

💬 운전 중 휴대전화를 사용하지 마세요.
運転中ケータイを使わないようにしてください。
운뗀쮸- 케-타이오 츠까와나이요-니 시떼 쿠다사이

💬 네 휴대전화가 꺼졌거나 사용 중이던데.
あなたのケータイは電波が届かないか使用中ですって言われたんだけど。
아나따노 케-타이와 뎀빠가 토도까나이까 시요-쮸-데슷떼 이와레따다께도

휴대전화 문제

💬 배터리가 얼마 없어.
バッテリーがあんまり残ってない。
밧테리-가 암마리 노꼿떼나이
バッテリーが切れかけている。
밧테리-가 키레까께떼 이루

💬 휴대전화가 잘 안 터져요.
ケータイがよく繋がりません。
케-타이가 요꾸 츠나가리마셍

💬 휴대전화를 변기에 빠뜨렸어.
ケータイを便器に落とした。
케-타이오 벵끼니 오또시따

💬 휴대전화 액정이 깨졌어.
ケータイの液晶が壊れた。
케-타이노 에끼쇼-가 코와레따

💬 휴대전화 충전기 가져왔어?
ケータイの充電器持ってきた？
케-타이노 쥬-뎅끼 못떼 키따

💬 어젯밤에 휴대전화를 충전해 놓았는데.
昨日の夜ケータイを充電しておいたんだけど。
키노-노 요루 케-타이오 쥬-덴시떼 오이딴다께도

휴대전화 기능

💬 휴대전화로 아침 6시 모닝콜을 맞춰 놨어.
ケータイで朝6時に目覚ましを掛けておいた。
케-타이데 아사 로꾸지니 메자마시오 카께떼 오이따

💬 휴대전화로 계산해 보면 되지.
ケータイで計算してみたらいいでしょう。
케-타이데 케-산시떼 미따라 이-데쇼-

💬 그녀는 휴대전화로 사진 찍기를 즐긴다.
彼女は写メールを楽しんでいる。
카노죠와 샤메-루오 타노신데 이루

💬 이 휴대전화에는 MP3 기능이 있구나.
このケータイMP3機能があるんだね。
코노 케-타이 에무피-스리- 키노-가 아룬다네

💬 내 휴대전화로 인터넷에 접속할 수 있다.
私のケータイはインターネットに繋げられる。
와따시노 케-타이와 인타-넷토니 츠나게라레루

💬 여자 친구와 화상통화를 해.
彼女とテレビ電話をする。
카노죠또 테레비 뎅와오 스루

💬 휴대전화에 비밀번호를 걸어놨어.
ケータイをパスワードでロックしておいた。
케-타이오 파스와-도데 록쿠시떼 오이따

💬 해외에 가기 전에 휴대전화 로밍서비스를 잊지 마.
海外に行く前にケータイのローミングサービスを忘れるな。
카이가이니 이꾸 마에니 케-타이노 로-밍구 사-비스오 와스레루나

💬 내 휴대전화에 최신 게임이 있다.

私のケータイには最新ゲームが入れてある。
와따시노 케-타이니와 사이싱 게-무가 이레떼 아루

💬 휴대전화로 게임하고 있었지?

ケータイでゲームしていたの？
케-타이데 게-무시떼 이따노

벨 소리

💬 그 벨 소리 좋은데.

その着信音いいよ。
소노 챠꾸싱옹 이-요

💬 진동모드로 바꾸세요.

マナーモードにしてください。
마나-모-도니 시떼 쿠다사이

💬 인터넷에서 벨 소리를 다운로드 했지.

インターネットで着メロをダウンロードした。
인타-넷토데 챠꾸메로오 다운로-도시따

💬 회의 전에는 휴대전화가 진동모드인지 확인해야 합니다.

会議の前にはケータイがマナーモードかどうか確認しなければなりません。
카이기노 마에니와 케-타이가 마나-모-도까 도-까 카꾸닌시나께레바 나리마셍

Unit 4 기타 기기

MP3 플레이어

💬 3번 트랙을 틀어봐.
3番のトラックを再生して。
삼반노 토락쿠오 사이세-시떼

💬 다음 곡 듣자.
次の曲を聴きましょう。
츠기노 쿄꾸오 키끼마쇼-

💬 볼륨 좀 줄여.
音、ちょっと小さくして。
오또 촛또 치이사꾸시떼

💬 랜덤으로 재생되게 했어.
ランダムに再生するようにした。
란다무니 사이세-스루요-니 시따

💬 몇 곡을 저장할 수 있어?
何曲入れられるの?
난꾜꾸 이레라레루노

💬 음악 재생 순서는 어떻게 바꾸지?
音楽の再生の順番はどうやって換えるの?
옹가꾸노 사이세-노 쥼방와 도-얏떼 카에루노

💬 내 mp3 플레이어는 노래가사가 액정에 나오는 거야.

私のMP3プレーヤーは歌の歌詞が液晶に出るんだ。
와따시노 에무피-스리- 푸레-야-와 우따노 카시가 에끼쇼-니 데룬다

네비게이션

💬 이 네비게이션은 효율적인 경로를 계산해 준다.

このカーナビは効率的な道案内をしてくれる。
코노 카-나비와 코-리쯔떼끼나 미찌안나이오 시떼 쿠레루

💬 이 네비게이션은 간단한 스크린 터치로 교통 상태를 보여 주거나 막히는 곳을 피해 가도록 합니다.

このカーナビは簡単なタッチスクリーンで交通の状況を教え、渋滞を避けてくれます。
코노 카-나비와 칸딴나 탓치스쿠리-ㄴ데 코-쯔-노 죠-꾜-오 오시에 쥬-따이오 사께떼 쿠레마스

💬 이것은 7인치 GPS 터치 스크린 네비게이션인데, 동영상, 음악 재생은 물론 게임, 전자서적 등 원했던 기능이 가득 들어 있다.

これは7インチGPSタッチパネルナビだが、動画、音楽再生はもちろんゲーム、電子書籍など欲しかった機能が満載だ。
코레와 나나인치 지-피-에스 탓치파네루나비다가 도-가 옹가꾸 사이세-와 모찌롱 게-무 덴시쇼세끼나도 호시깟따 키노-가 만사이다

💬 이 네비게이션은 검색 가능한 주소가 약 3,500만 개입니다.

このナビゲーションの検索可能な住所はなんと約3500万件です。
코노 나비게-숀노 켄사꾸 카노-나 쥬-쇼와 난또 야꾸 산젠고햐꾸망겐데스

디지털 카메라

💬 줌을 어떻게 합니까?

どうやってズームをしますか。
도-얏떼 즈-무오 시마스까

ズームをするにはどうしたらよいですか。
즈-무오 스루니와 도-시따라 요이데스까

💬 플래시를 터뜨리지 마.

ストロボを焚かないで。
스토로보오 타까나이데

💬 이 디지털 카메라는 몇 만 화소예요?

このデジカメは画素数がどのくらいですか。
코노 데지카메와 가소스-가 도노쿠라이데스까

💬 광학 줌이 15배야.

光学15倍ズームだ。
코-가꾸 쥬-고바이 즈-무다

💬 디지털 카메라 충전하는 걸 깜박했어.
デジカメの充電を忘れた。
데지카메노 쥬-뎅오 와스레따

💬 이 디지털 카메라는 사진이 잘 나와요.
このデジカメは写真がきれいに撮れます。
코노 데지카메와 샤신가 키레-니 토레마스

💬 이 디지털 카메라에 손떨림 방지 기능이 있어요.
このデジカメには手ぶれ防止機能があります。
코노 데지카메니와 테부레 보-시 키노-가 아리마스

💬 이건 그립감이 좋은데.
これは持った感じがいいね。
코레와 못따 칸지가 이-네

💬 메모리가 꽉 차서 더 이상 찍을 수 없어.
メモリカードがいっぱいでこれ以上撮れない。
메모리카-도가 입빠이데 코레 이죠- 토레나이

💬 인화하고 싶은 사진을 골라 봐.
現像したい写真を選んで。
겐죠-시따이 샤싱오 에란데

💬 내 디지털 카메라로 동영상 촬영한 것도 괜찮죠?
私のデジカメで撮った動画も悪くないでしょう?
와따시노 데지카메데 톳따 도-가모 와루꾸나이데쇼-

사진 찍기

💬 이 셔터를 눌러서 사진을 찍어 주세요.

このシャッターを押して写真を撮ってください。

코노 샷타-오 오시떼 샤싱오 톳떼 쿠다사이

💬 예쁘게 찍어 주세요.

きれいに撮ってください。

키레-니 톳떼 쿠다사이

💬 같이 사진 찍으시겠어요?

一緒に写真を撮ってくれませんか。

잇쇼니 샤싱오 톳떼 쿠레마셍까

💬 카메라를 보고 웃으세요.

カメラを見て笑ってください。

카메라오 미떼 와랏떼 쿠다사이

💬 얼굴을 중심으로 찍어 주세요.

顔を中心に撮ってください。

카오오 츄-신니 톳떼 쿠다사이

💬 카메라가 흔들리지 않도록 잡고, 초점을 맞춘 채로 계세요.

カメラがぶれないように持って、ピントはこのままで撮ってください。

카메라가 부레나이요-니 못떼 핀토와 코노마마데 톳떼 쿠다사이

💬 확대해서 찍어.
ズームで撮って。
즈-무데 톳떼

💬 사진이 역광이야.
写真が逆光だ。
샤싱가 갸꼬-다

💬 사진이 흔들렸잖아.
写真がぶれてるじゃない。
샤싱가 부레떼루쟈나이

💬 난 사진발이 안 받아.
私は写真写りのがよくない。
와따시와 샤싱 우쯔리노가 요꾸나이

💬 난 사진 찍는 거 안 좋아해.
私は写真に撮られるのが好きじゃない。
와따시와 샤신니 토라레루노가 스끼쟈나이

💬 이 사진은 노출 부족이다.
この写真は露出不足だ。
코노 샤싱와 로슈쯔부소꾸다

💬 이 사진은 동작의 순간을 잘 잡았다.
この写真は動く瞬間をよくとらえている。
코노 샤싱와 우고꾸 슝깡오 요꾸 토라에떼 이루

재밌고, 쉽게 공부할 수 있는
영어 초보자들을 위한 포켓북

왕초보 손쉽게 끝내는 영어회화사전

더 콜링 지음 / 8,500원

영어 王초보 氏도 영어로 티낼 수 있다!
내 주머니에 쏘옥 넣고 다니며
어떤 상황이든 필요한 표현을 찾아 활용하세요!